À toi! 2

Lerntagebuch

Die Lösungen zum kostenlosen Download findest du hier:
cornelsen.de/webcodes
Gib dort **ATOI-2-LTB** ein.

Vokabeltrainer-App

*Verfügbar für: iOS, Android
und Windows Phone*

Vocabulaire thématique

Les mots pour le dire

Mots en contexte

Grammaire

Expressions

Salut! Wie bei *À toi!* 1 kannst du in deinem Lerntagebuch *À toi!* 2 Wortschatz, wichtige Redewendungen und Grammatik sammeln, aber auch überprüfen, was du schon kannst.

Du kannst die Seiten deines Heftes heraustrennen, nach Themen sortieren und abheften. So baust du nach und nach dein persönliches Nachschlagewerk auf.

Vocabulaire thématique

>>> In diesem Kapitel sammelst du den Wortschatz zu den Themenfeldern der *Unités* von *À toi!* 2, z. B. „Einkaufen".

Erst schreibst du die einzelnen Vokabeln anhand einer Illustration auf.

Dann übst du ihre Verwendung in einem Lückentext.

Außerdem findest du hier Platz für deinen persönlichen Wortschatz und zum Schreiben eigener Texte.

Les mots pour le dire

>>> Hier überprüfst du auf Französisch und auf Deutsch, ob du die Redemittel, die du in *À toi!* 2 gelernt hast, gut beherrschst. Wenn Du nicht sicher bist, kannst du in deinem Französischbuch ab S. 245 nachschauen.

Mots en contexte

>>> Hier übst du Vokabeln im Satzzusammenhang.

Immer wenn du eine *Unité* im Buch abgeschlossen hast, füllst du die passenden Seiten im Lerntagebuch aus. Du überprüfst deine Sätze mit Hilfe der rechten Spalte der Vokabelliste aus deinem Französischbuch *À toi!* 2 (ab S. 181). Die Wörter, die in der Vokabelliste in deinem Buch mit ~ ersetzt sind, findest du dort in den weißen Querstreifen. Die brauchst du zum Überprüfen ...

Grammaire

>>> Dieses Kapitel ist deine ganz persönliche Grammatik zum Selberschreiben.
Hier ergänzt du:
– Konjugationsmuster der regelmäßigen und unregelmäßigen Verben,
– Tabellen, Lückentexte und Regeln zu den wichtigsten Grammatikthemen von *À toi!* 2.
Immer wenn du ein neues Grammatikthema kennengelernt hast, suchst du im Inhaltsverzeichnis dieses Heftes nach dem passenden Kapitel und füllst die Leerstellen aus.

Expressions

>>> Hier wiederholst du typische französische Wendungen mit Verben, die du schon kennst (z. B. *être, avoir, faire* und *aller*) oder die du neu gelernt hast.

Viel Spaß mit deinem Lerntagebuch!

Vocabulaire thématique

Mes activités préférées en ville [Unité 1]

>>> Schreibe die französischen Übersetzungen der Wörter und Sätze auf.

1. die Stadt = ...

2. das Einkaufszentrum = ...

3. das Schwimmbad = ...

4. einkaufen = ...

5. schwimmen = ...

6. der Platz = ...

7. (seine Freunde) treffen = ...

8. die Kirche [Unité 7] = ...

9. das Café = ...

10. das Kino = ...

11. das Museum = ...

12. das Stadion = ...

13. Fußball spielen = ...

14. in den Bus einsteigen [Unité 2] = ...

15. Rad fahren = ...

16. skaten = ...

>>> Nathalie erzählt, was man in ihrer Stadt machen kann. Vervollständige den Text. Die Zahlen in Klammern geben dir Hinweise.

Nathalie raconte: voilà ma .... [1]. Il y a un ....

.... [2] et une .... [3]. Tu sais, j'adore ....

.... [4] et .... [5]. Après l'école, mon frère et moi allons

souvent sur la .... [6] pour .... [7].

À côté de .... [8], il y a un .... [9], un

.... [10] et aussi un .... [11]. Mon frère passe beaucoup

de temps au .... [12]. Il adore .... [13].

Pour rentrer à la maison, mes copains .... [14]. Moi, je

rentre à pied parce que j'habite à côté de la place. Le weekend, j'aime .... [15]

et .... [16]. J'aime vivre en ville. Et toi? Qu'est-ce que tu aimes dans ta ville?

Mon vocabulaire personnel

>>> Was gibt es in deiner Stadt, was sie so besonders macht? Welche Wörter brauchst du noch, um sie zu beschreiben? Suche sie in einem (Online-)Wörterbuch und schreibe diese hier auf.

mein Dorf .... = mon village ....   der Bahnhof .... = la gare ....

der See .... = le lac ....   der Brunnen .... = la fontaine ....

.... = ...

.... = ...

.... = ...

.... = ...

.... = ...

>>> Stelle nun deine Stadt vor. Schreibe den Text auf ein Blatt, das du dann abheften kannst.

Ma ville

Vocabulaire thématique

>>> Schreibe die französischen Übersetzungen der Wörter und Sätze auf.

1. das Land = ...

2. die Tiere = ...

3. reiten = ...

4. Mountainbike fahren = ...

5. der Berg / das Gebirge = ...

6. klettern = ...

7. die Höhlenforschung [Unité 7] = ...

8. das Kanu [Unité 7] = ...

9. das Meer = ...

10. die Küste = ...

11. der Strand = ...

12. surfen = ...

13. das Schiff = ...

14. die Welle = ...

15. auf die Felsen steigen = ...

16. die Möwe = ...

17. in der Stadt = ...

18. ins Kino gehen = ...

19. das Konzert = ...

>>> Laurine, Maxime und Claire erzählen, wo ihr Lieblingsort sich befindet, was sie dort unternehmen und warum sie diesen Ort so gerne mögen. Vervollständige den Text. Die Zahlen in Klammern geben dir Hinweise.

Laurine: Moi, j'habite à la .... [1]. J'adore la nature et les

.... [2]. Nous avons un chat et un chien. J'aime ....

.... [3] et .... [4]. Je peux aller loin. Le weekend, nous allons

souvent à la .... [5] pour .... [6]. Mon

frère fait de la .... [7] et mes parents font du .... [8].

Maxime: Nous habitons près de la .... [9] sur la .... [10].

Je vais souvent à la .... [11]. Je peux .... [12] et faire du

.... [13] quand il n'y a pas trop de .... [14].

Mes copains et moi, nous aimons être sur la plage, ... [15] et

regarder les .... [16].

Claire: Mon endroit préféré, c'est la ville. .... [17], c'est intéressant.

Il y a une librairie, une médiathèque. Je peux .... [18],

au musée, à des .... [19] ou des festivals quand je veux. J'aime regarder un

film ou un spectacle avec mes copains.

Mon vocabulaire personnel

>>> Erzähl nun dein letztes Wochenende, das du zum Beispiel auf dem Land oder in den Bergen, am Meer, in deiner Stadt oder zu Hause verbracht hast. Schreibe den Text auf ein Blatt, das du dann abheften kannst. Falls du neue Wörter brauchst, um deinen Lieblingsort zu beschreiben, suche sie in einem (Online-)Wörterbuch.

Vocabulaire thématique

>>> Schreibe die französischen Übersetzungen der Wörter und Sätze auf.

1. gehen/fahren = ...

2. verlassen = ...

3. sich wie ein Idiot aufführen = ...

4. schieben = ...

5. Angst haben = ...

6. fallen = ...

7. ankommen = ...

8. kentern = ...

9. ins Wasser fallen = ...

10. die Rettungskräfte = ...

11. finden = ...

12. zurückfahren = ...

13. um Hilfe rufen = ...

14. das Abenteuer = ...

15. gestern = ...

16. um 10 Uhr = ...

17. plötzlich = ...

18. also = ...

19. kurz danach = ...

20. dann [Unité 5] = ...

>>> Zoé erzählt ihr letztes Abenteuer, das sie mit ihren Freunden erlebt hat. Die Zahlen in Klammern geben dir Hinweise über ihre Geschichte. Vervollständige den Text. Pass auf! Die meisten Verben sind im *passé composé*.

.... **[15]**, Laure, Malik et moi ont voulu .... **[1]** à la mer.

C'est loin! .... **[16]**, nous avons .... **[2]** la ville.

.... **[17]**, Malik a .... **[3]**. Il a voulu

.... **[4]** Laure. .... **[18]**, Laure a .... **[5]**,

mais elle n'est pas .... **[6]** de son vélo. .... **[19]** nous

sommes .... **[7]** à la plage. .... **[17]**, un bateau a

.... **[8]** et un garçon est .... **[9]**.

Nous n'avons pas vu de .... **[10]**. Laure a voulu téléphoner, mais elle

n'a pas .... **[11]** son portable. .... **[20]** nous sommes

.... **[12]** sur la route pour chercher le portable de Laure et ....

.... **[13]**. Quelle .... **[14]**!

Mon vocabulaire personnel

>>> Erzähle nun, was du in deinem letzten Abenteuer erlebt hast. Du kannst selbstverständlich auch eine Geschichte erfinden.

....

....

....

....

....

....

....

....

....

Vocabulaire thématique

Je donne mon avis [Unité 3 und Unité 6]

>>> Schreibe die französischen Übersetzungen der Wörter und Sätze auf.

1. Metall = ...   2. R&B = ...   3. Elektro = ...

Leo   4. finden, dass (jemand) cool ist = ...

5. Das ist genial! [Unité 6] = ...

6. Die Musik, das ist was zählt. [Unité 6] = ...

Marie   7. Es ist nicht (mein) Ding. = ...

8. Krach machen = ...   9. hässlich sein = ...

Luc   10. Es ist (mein) Lieblingsstar. [Unité 6] = ...

11. bewundern [Unité 6] = ...   12. Talent haben [Unité 6] = ...

13. die Band = ...   14. die Tätowierungen = ...

15. tanzen = ...   16. treffen [Unité 6] = ...

17. Fragen stellen [Unité 6] = ...

>>> Léo gibt seine Meinung über seine Musikrichtung und seinen Modegeschmack. Die Zahlen in Klammern geben dir Hinweise. Vervollständige den Text.

Le _____ [13] ABCD, _____ [12]. Je les ai vus en concert et

c'était super. Ils font de la bonne musique. Le rythme, _____ [5] et la

_____ [6]. J'espère les _____ [16] un jour

et leur _____ [17]. Je _____ [4] avec

leurs _____ [14] et leur look. Je porte aussi des vêtements noirs comme eux.

Ma sœur aime plus le _____ [2]. Le _____ [1] ou l' _____ [3],

_____ [7]. Elle déteste ces _____ [13] de musique

parce qu'ils _____ [8]. Elle pense aussi qu'ils _____ [9] et

qu'ils n'ont pas de _____ [12]. Ca m'est égal.

Zaz, _____ [10]. C'est vrai qu'elle chante très bien, mais je ne

l' _____ [11] pas. Pour moi, on ne peut pas _____ [15] sur de

la pop ou du _____ [2]. C'est mon avis!

Mon vocabulaire personnel

>>> Welche Musikrichtungen magst du gerne? Und welche magst du nicht so gerne? Versuche zu argumentieren. Du kannst auch einen/eine Sänger/in deiner Wahl oder deine Lieblingsband vorstellen. Schreib auch etwas über den Look deines Stars.

Je trouve que/qu' _____ parce que/qu' _____

_____

Ce n'est pas mon truc _____ parce que/qu' _____

_____

Mon chanteur / Ma chanteuse / Mon groupe préféré _____

_____

_____

_____

Vocabulaire thématique

Mon look, ma mode et mes couleurs préférées [Unité 3]

>>> Schreibe die französischen Übersetzungen der Wörter und Sätze auf.

1. die hässlichen Klamotten = ...

2. die schwarze Hose = ... 3. das graue T-Shirt = ...

4. coole Kleidung tragen = ...

5. der rote Pulli = ... 6. die grüne Jacke = ...

7. die orange Kappe = ... 8. die roten Turnschuhe = ...

9. der rosa Schal = ... 10. der blaue Rock = ...

11. die Sonnenbrille = ...

12. die rosa Armbänder = ... 13. der braune Gürtel = ...

14. Farben mischen = ...

15. der Papagei = ... 16. anprobieren = ...

>>> Selma erzählt über ihren Look und sagt, was sie gerne anzieht. Vervollständige den Text. Die Zahlen in Klammern geben dir Hinweise.

Moi je n'aime pas faire les courses avec ma mère parce qu'elle aime les ....

.... [1]. Elle porte souvent un .... [2] et un

.... [3]. Ce n'est pas mon truc. Je veux être à la mode et

.... [4]. Moi, j'aime mettre un ....

[5], une .... [6] et une .... [7]. Mes ....

.... [8], mon .... [9] et ma

.... [10] vont très bien avec ça. J'adore aussi les accessoires comme les

.... [11], les .... [12] et ma ....

.... [13]. J'aime .... [14].

C'est top! Ma mère dit: «Tu as l'air d'un .... [15]! Ca ne te va pas!»

Mes copines sont comme moi. On adore notre style. On aime faire du shopping ensemble.

On aime .... [16], mais on n'achète pas souvent. C'est trop cher!

Mon vocabulaire personnel

>>> Was trägst du gerne? Was ist dein Look? Stelle deinen Stil/Look vor. Falls du Wörter brauchst, um zu sagen, was du gerne oder nicht gerne anziehst, findest du eine Liste mit weiteren Begriffen über das Outfit in der ▸ Banque de mots im Buch, S. 190. Du kannst auch in einem (Online-)Wörterbuch nachschauen.

das schicke schwarze Kleid .... = la robe noire chic ....

.... = ...

.... = ...

.... = ...

.... = ...

.... = ...

>>> Stelle nun deinen Lieblingsstil anhand einer Collage vor. Präsentiere deine Collage auf einem Extrablatt und beschreibe jedes Kleidungsstück und dessen Farbe daneben.

Vocabulaire thématique

>>> Schreibe die französischen Übersetzungen der Wörter und Sätze auf.

Marie

1. dreizehn = ... 2. klein = ...

3. schwarze Augen = ...

4. braune Haare = ... 11. schüchtern = ...

5. Volleyball spielen = ...

....

6. Obst essen = ...

....

7. Meerschweinchen *Grenadine* = ...

....

8. Gemüse = ...

....

9. Fußball spielen = ...

....

10. schlecht in Geschichte = ...

....

Paul

1. vierzehn = ... 2. groß = ...

3. blaue Augen = ...

4. blonde Haare = ... 11. nett = ...

5. Skateboard = ...

....

6. Nachspeisen = ...

....

7. gut in Mathe = ...

....

8. Käse essen = ...

....

9. Hausaufgaben machen = ...

....

10. klettern = ...

....

>>> Paul und Marie stellen sich gegenseitig vor. Vervollständige den Text. Die Zahlen in Klammern geben dir Hinweise.

Paul: Je vous présente ma copine. Son prénom est Marie. Elle a .... [1] ans.

Elle est assez .... [2]. Elle a les .... [3] et

les .... [4]. Elle aime .... [5],

.... [6] et son .... [7]. Elle déteste

les .... [8], ... [9] et elle est ....

.... [10]. Elle est très .... [11]

Marie: Je vous présente mon copain. Il s'appelle Paul. Il a .... [1]. Il n'est pas

très .... [2]. Il a les .... [3] et les ....

.... [4]. Il aime le .... [5] et les ....

[6]. Il n'a pas d'animaux à la maison, mais il voudrait avoir un chien. Il déteste ....

.... [8], ... [9] et .... [10]. Il est

.... [7]. Il est .... [11], mais il n'aime pas trop parler.

Mon vocabulaire personnel

>>> Stelle dich nun selbst vor. Schreibe einen Steckbrief und erkläre, wo du wohnst, wie alt du bist, ob du Geschwister hast, wann dein Geburtstag ist. Sage etwas zu deinen Hobbies, was du magst / nicht magst.

prénom/nom: .... / ....

mes yeux: .... mes cheveux: ....

(Klebe hier ein Foto von dir ein.)

mon anniversaire: .... j'habite: ....

mon école: ....

ma famille (mes frères et sœurs): ....

mes copains: ....

j'aime / je déteste: ....

....

Vocabulaire thématique

Mes activités sur Internet [Unité 4]

>>> Schreibe die französischen Übersetzungen der Wörter und Sätze auf.

1. der Computer = ...

2. die Videospiele = ...

3. herunterladen = ...

4. auf Internet surfen = ...

5. E-Mails schreiben = ...

6. chatten = ...

7. drucken = ...

8. die Sicherheit = ...

9. das Passwort = ...

10. hacken = ...

11. die Maus = ...

12. den Computer einschalten = ...

13. speichern = ...

14. Fotos ins Web stellen = ...

>>> Max erzählt, was er und seine Freunde gerne auf Computer machen. Vervollständige den Text.
Die Zahlen in Klammern geben dir Hinweise.

Max raconte: j'ai un .... [1] dans ma chambre. C'est super! J'adore jouer aux

.... [2] et .... [3] de la musique. Il y a des règles, bien sûr.

Je fais toujours mes devoirs d'abord. Mais après, je peux .... [12],

puis je prends ma .... [11] et c'est parti! J'aime ....

.... [4], contacter mes amis sur un réseau social et ....

.... [5]. J'aime aussi .... [6] avec mes amis. Je n' .... [7]

rien à la maison. C'est cher. La .... [8] est aussi importante.

J' .... [13] mes documents et je ne donne jamais mon ....

.... [9]. Et surtout, je ne .... pas ....

.... [14]. J'ai un ami: on l'a .... [10]. C'est terrible!

>>> In diesem Buchstabengitter sind elf Wörter zum Thema Computer und Hacken versteckt.
Finde sie und kreise sie ein.

B	N	H	A	R	Z	J	V	G	E	R	X	D	B	C	O
I	X	T	S	Y	V	E	F	F	A	C	E	R	O	L	D
A	W	R	Y	Q	B	U	W	G	H	R	N	M	P	I	C
R	E	S	E	A	U	M	S	O	C	I	A	L	C	Q	Z
V	B	W	N	L	K	G	F	D	X	M	W	T	U	U	P
H	U	L	N	F	D	R	B	N	P	I	R	A	T	E	R
S	I	T	E	M	L	U	T	W	D	N	S	P	X	R	O
K	W	M	M	A	N	I	P	U	L	E	R	E	P	V	I
O	Q	N	I	O	R	T	Z	U	W	L	A	R	Z	W	Z

Mon vocabulaire personnel

>>> Und du? Was machst du mit deinen Freunden im Internet? Falls du Wörter brauchst, um über das
Internet zu sprechen, findest du eine Liste mit weiteren Begriffen in der ▶ *Banque de mots* im Buch,
S. 199. Du kannst auch in einem (Online-) Wörterbuch nachschauen. Schreibe sie hier auf.

Vocabulaire thématique

Présente une fête de l'année [Unité 5]

››› Schreibe die französischen Übersetzungen der Wörter und Sätze auf.

1. die Feier = ...

2. das Geld = ...

3. die Einkaufsliste = ...

4. einladen = ...

5. die Getränke = ...

6. die Gerichte = ...

7. die (dreizehn) Nachspeisen = ...

8. der Kuchen = ...

9. singen = ...

10. tanzen = ...

11. essen = ...

12. Chips = ...

13. Weihnachten = ...

14. die Geschenke = ...

15. Klavier spielen = ...

>>> Marie stellt ihr Lieblingstraditionsfest vor: Weihnachten. Vervollständige den Text. Die Zahlen in Klammern geben dir Hinweise.

Organiser une .... [1], oui, mais il faut avoir de la place et de l'........................... [2]

et c'est beaucoup de travail! Il faut faire une .... [3], aller au supermarché,

.... [4] la famille ou les amis. Après, il faut préparer les .... [5],

les .... [6] traditionnels, les .... [7]

ou faire un .... [8] peut-être? Moi, ma fête préférée, c'est

.... [13]: le 25 décembre, il y a des .... [14] sous le sapin

et toute ma famille est là. On .... [9] des chansons de Noël, on

.... [15] et on .... [10] même. Avec mes cousins,

on .... [11] et on rit beaucoup. Bien sûr, il ne faut pas manger trop de

.... [12] au début, parce qu'après, on n'a plus faim pour

.... [7]. C'est si beau .... [13]!

Mon vocabulaire personnel

>>> Erzähle nun, welche Feier für dich wichtig ist und warum. Falls du Wörter brauchst, um über Feste zu sprechen, findest du eine Liste mit weiteren Begriffen in der ▶ Banque de mots im Buch, S. 205. Du kannst auch in einem (Online-)Wörterbuch nachschauen. Schreibe sie hier auf.

....

....

....

....

>>> Beschreibe nun, wie du deinen Geburtstag feierst.

....

....

....

....

Vocabulaire thématique

>>> Schreibe die französischen Übersetzungen der Wörter und Sätze auf.

1. das Rezept = ...

2. der Jogurtbecher = ...

3. drei Eier = ...

4. das Öl = ...

5. der Zucker = ...

6. das Mehl = ...

7. das Backpulver = ...

8. der Vanillezucker = ...

9. mischen = ...

10. etw. hinzufügen = ...

11. Zitronenschale schneiden = ...

12. der Teig = ...

13. warm = ...

14. Puderzucker auf den Kuchen streuen = ...

15. die Spezialität = ...

16. Es ist einfach! [Unité 7] = ...

17. kleben = ...

18. die Butter = ...

>>> Julie erzählt, welches Rezept sie am liebsten zubereitet, welche Zutaten sie dafür braucht und in welcher Reihenfolge sie es macht. Vervollständige den Text. Die Zahlen in Klammern geben dir Hinweise.

Le gâteau au yaourt est ma .... [1] préférée. C'est ma .... [15], mais aussi un gâteau que tout le monde peut faire! Il faut un .... [2] nature, ... [3], un demi-pot d'..................................... [4], deux pots de .... [5], trois pots de .... [6], un paquet de .... [7], un sachet de .... [8]. Comment est-ce qu'il faut faire? .... ! [16] .... [9] d'abord le yaourt avec les œufs, ... [10] le sucre, le sucre vanillé, la farine et la levure. Mélange bien! Rajoute maintenant l'huile. Tu peux aussi .... [11] et les ajouter. Mets du .... [18] dans le moule[1] pour que la .... [12] ne .... [17] pas. Après 30 minutes à 180 degrés[2], le gâteau est prêt! Tu peux le manger .... [13], mais moi, je l'aime froid. Tu peut aussi .... [14]. Mes amis adorent!

1 un moule: eine Kuchenform
2 à 180 degrés: bei 180 Grad

Mon vocabulaire personnel

>>> Diese Wörter kennst du schon: Löse das Kreuzworträtsel. Die Buchstaben in den gelben Kästchen ergeben das Lösungswort.

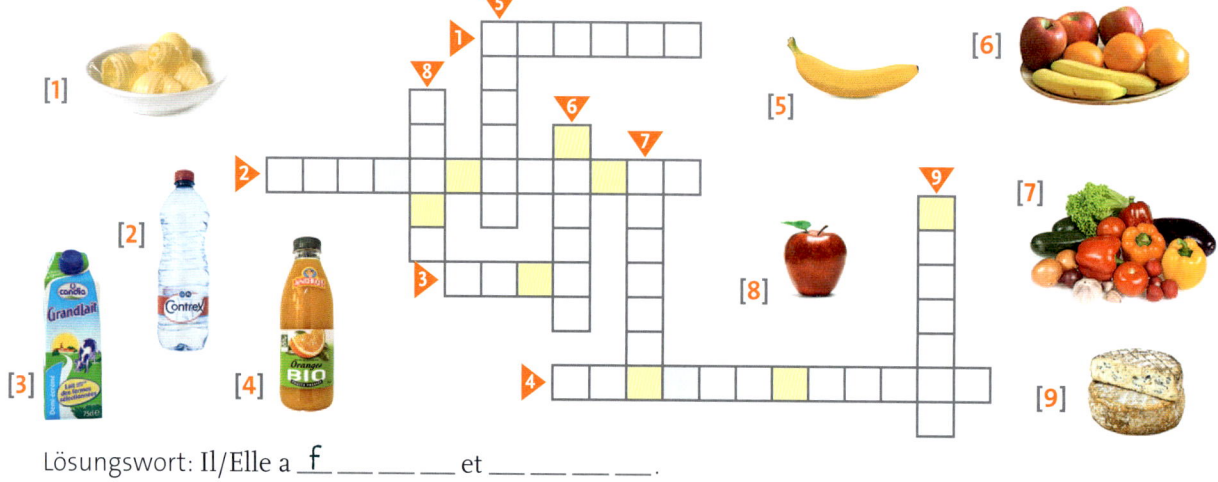

Lösungswort: Il/Elle a _f_ __ __ __ et __ __ __ __.

>>> Nun beschreibe dein Lieblingsrezept auf einem Extra-Blatt. Versuche es schmackhaft darzustellen. Falls du Wörter brauchst, findest du eine Liste mit weiteren Begriffen in der ▶ Banque de mots im Buch, S. 207.

Vocabulaire thématique

Mon emploi du temps [Unité 6]

	LUNDI	MARDI 3	MERCREDI	JEUDI	VENDREDI	SAMEDI
8 h	français	maths		français	sport	
9 h	musique	maths		arts plastiques	sport	
10 h 15	éducation civique	CDI	6	éducation civique	allemand	9
11 h 15 (7)	sport	français	8	sport		
12 h 15	cantine	cantine		cantine	cantine	
14 h	français	histoire-géo		histoire-géo		
15 h	technologie	allemand	14			
16 h	sciences de la vie et de la terre	maths	11	éducation civique	sciences de la vie et de la terre	
17 h (4)	2	5	10			
18 h	1		13			
19 h						

(12)

>>> Schreibe die französischen Übersetzungen der Wörter und Sätze auf.

1. lernen = ...

2. Gitarre spielen = ...

3. Dienstags = ...

4. von 17 bis 18 Uhr = ...

5. Klavier spielen = ...

6. das Tennistraining = ...

7. von 11:15 bis 12:15 Uhr = ...

8. der Handball = ...

9. das Match, das Spiel = ...

10. Videospiele spielen = ...

11. Musik anhören = ...

12. der Stundenplan = ...

13. mit jdm telefonieren = ...

14. Freunde einladen = ...

▶▶▶ Théo spricht über seinen Stundenplan und seine Hobbies. Vervollständige den Text. Die Zahlen in Klammern geben dir Hinweise.

Mon .... [12] est assez lourd. J'ai cours le matin et l'après-midi

et tous les soirs, je dois faire des devoirs et .... [1]. Mais le sport et la

musique sont aussi importants pour moi. Je .... [2] une fois par

semaine et .... [3] et le jeudi, de .... [4], j'apprends à

.... [5]. Le mercredi, je n'ai pas cours, alors je fais beaucoup

de sport: j'ai .... [6] de 10:15 à 11:15 heures et ....

.... [7], j'ai entraînement de .... [8].

Tous mes meilleurs amis sont dans l'équipe. C'est génial! Le samedi, on a souvent des

.... [9]. Le mercredi après-midi, j'.. [14].

J'ai le temps. Alors, on .... [10] sur l'ordinateur,

on .... [11], on fait des projets.

Le soir, je .... [13] ma copine. Elle est à l'internat.

Mon vocabulaire personnel

▶▶▶ Nun beschreibe auch deine Hobbies/Vorlieben. Was machst du in deiner Freizeit? Welche Leidenschaften hast du? Falls du Wörter brauchst, findest du eine Liste mit weiteren Begriffen über Musikinstrumente und Spiele in der ▶ Banque de mots im Buch, S. 213. Du kannst auch in einem (Online-)Wörterbuch nachschauen.

....

....

....

....

....

....

....

Vocabulaire thématique

Je cherche mon chemin [Unité 7]

>>> Schreibe die französischen Übersetzungen der Wörter und Sätze auf.

1. der Plan = ...

2. der Campingplatz = ...

3. die Landstraße = ...

4. die Kreuzung = ...

5. nach rechts abbiegen = ...

6. der Kilometer = ...

7. die Ampel = ...

8. geradeaus = ...

9. die erste Straße = ...

10. links = ...

11. gegenüber von = ...

12. das Navigationsgerät = ...

13. fragen, ob = ...

14. die Dame = ...

15. die Brücke = ...

16. das Kanu = ...

17. überqueren = ...

18. praktisch = ...

>>> Léonie und ihre Eltern verbringen ihren Urlaub in Frankreich in der Nähe von Montpellier und suchen gerade den Campingplatz. Auf dem Weg fragt Léonie eine Frau nach dem Weg. Vervollständige den Dialog. Die Zahlen in Klammern geben dir Hinweise.

Léonie est en vacances avec ses parents. Ils cherchent le camping:

Léonie (aux parents): Je vais ...., ... **[13]** quelqu'un connaît le chemin

pour aller au camping.

Léonie: Pardon, Madame, je peux vous demander quelque chose?

La .... **[14]**: Oui, bien sûr!

Léonie: Notre .... **[12]** est cassé et notre .... **[1]** est nulle. Mes

parents et moi ne trouvons pas la .... **[3]** pour aller au .... **[2]**.

La dame: C'est facile! Vous .... **[17]** le .... **[4]**. Là, vous

.... **[5]**.

Léonie: C'est loin?

La dame: Non, pas en voiture. Alors, au bout de deux .... **[6]**, vous arrivez à

un .... **[7]**, vous continuez .... **[8]** jusqu'au

.... **[15]**. Vous prenez la .... **[9]** .... **[10]**.

Et voilà, le camping est là, ... **[11]** un grand supermarché. Au camping. c'est

.... **[18]** le camping, il y a aussi un club de .... **[16]**.

Léonie: Merci, Madame.

Mon vocabulaire personnel

>>> Nun beschreibe den Weg vom Bahnhof zur Schule und von der Schule nach Hause. Suche zuerst nach Vokabular. Du kannst gerne deine Wegbeschreibung mit einer Skizze ergänzen und sie dazu abheften.

....

....

....

....

Les mots pour le dire

Auf den folgenden Seiten kannst du die wichtigsten Redemittel der einzelnen Unités deines Lehrbuches wiederholen und sammeln. Fülle die Leerzeilen aus und überprüfe deine Lösungen mit Hilfe der Sätze in deinem Buch ab Seite 245.

Sich vorstellen

>>> Hier sollst du sagen, wie du aussiehst, welche Vorlieben du hast, usw.

[Unité 3]

J'adore mettre (des vêtements noirs). .... = Ich ziehe sehr gern (schwarze Kleidung) an. ....

J'adore mélanger (les couleurs). .... = ...

.... = Ich trage sehr gern (coole Klamotten). ....

Ça, c'est mon look. .... = ...

.... = Ich trage gern modische Kleidung. ....

.... = Ich mag Metall, weil (es Krach macht). ....

....

Ma musique, c'est (l'électro). .... = ...

[Unité 4]

.... = Ich habe (grüne) Augen. ....

J'ai les cheveux (noirs). .... = ...

Je suis (un peu timide). .... = ...

27

Über Hobbys und Vorlieben sprechen

[Unité 1]

Je fais (du volley). .... = ...

.... = Ich (schwimme). ....

(Le jeudi), je fais (de l'escalade). .... = ...

J'aime (retrouver mes copains). .... = ...

[Unité 4]

J'aime (le foot). .... = ...

.... = Ich (tanze) gern. ....

.... = Ich mag (amerikanische Serien). ....

Je déteste (les devoirs / frimer). .... = ...

.... = Mein Lieblingsfach ist (Sport). ....

.... = Ich bin gut in (Französisch). ....

Je suis nul/nulle en (maths). .... = ...

[Unité 6]

Moi, je joue (de la guitare). .... = ...

.... = Wir machen zusammen Musik. ....

.... = Meine Leidenschaft ist (der Stierkampf). ......

Depuis ce jour, je veux être (toréro). .... = ...

Je lis toutes les histoires (de toréros). .... = ...

.... = (Rugby) ist ein toller Mannschaftssport. ......

.... = Ich habe mit (sechs) Jahren angefangen. ......

Les mots pour le dire

Je prends des cours (de tennis). .... = ...

On a entraînement (le lundi et le jeudi). .... = ...

.... = Ich habe (jeden Abend) (zwei) Stunden Training.

J'ai (deux) heures d'entraînement .... = ...

(par semaine). .... = ...

.... = Ich habe einen (ziemlich vollen) Stundenplan.

....

Über seinen Lieblingsort sprechen

[Unité 1]

Ton endroit préféré, c'est où? .... = ...

.... = Mein Lieblingsort (in der Stadt) ist (die *place*

.... *de la Comédie*).

J'aime bien (le Polygone). .... = ...

(Montpellier), c'est sympa parce qu'il y a .... = ...

(la mer). .... = ...

.... = Ich mag die Stadt und (ihre Cafés).

.... = Ich fahre sehr gern (aufs Land).

Notre (région) est super. .... = ...

Seinen Star vorstellen

[Unité 6]

.... = Mein Lieblingsstar ist (Mimie Mathy).

Je suis fan de (Titeuf). = ...

Mon héros, c'est (David Guetta). = ...

.... = Meine Heldin ist (Jena Lee).

.... = Ich bewundere (Nikola Karabatic).

C'est (un handballeur). / C'est (une = ...

handballeuse). ....

.... = (Nikola Karabatic) ist (ein toller Handballspieler).

Il est le meilleur (joueur de handball du = ...

monde). ....

.... = Sie ist die beste (Handballspielerin der Welt).

Il/Elle est champion/championne (d'Europe). = ...

....

Il/Elle a gagné (toutes les coupes). = ...

.... = Er ist (Schauspieler). / Sie ist (Schauspielerin).

....

Il/Elle a beaucoup de (talent). = ...

.... = Er/Sie ist sehr (lustig).

Il/Elle joue dans (ma série préférée). = ...

Les mots pour le dire

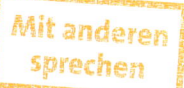
Ein Erlebnis besprechen

[Unité 2]

.... = Was hast du (gestern) gemacht?

.... = Mir ist (ein Wahnsinnsding) passiert!

Je ne suis pas allé/e (à la plage) à cause du = ...

(drapeau rouge). ....

.... = Ich bin (Fahrrad gefahren).

Tout à coup, je suis tombé/e. = ...

(Ton père) est au courant? = ...

[Unité 4]

.... = Was ist passiert?

Quelqu'un a piraté (mon profil). = ...

.... = Jemand hat (mein Foto) verändert.

Quelqu'un connaît (mon mot de passe). = ...

.... = Wann hat man (dein Profil gehackt)?

Est-ce que tu as (des ennemis)? = ...

.... = Wer hat das gemacht?

Qui a pu faire ça? = ...

.... = Warum hat er/sie das gemacht?

Qu'est-ce qu'on peut faire? = ...

.... = Wir müssen etwas tun.

Il faut (effacer ces commentaires). = ...

.... = Wir informieren (den Schulleiter).

31

Sich freuen, ärgern oder wundern

[Unité 2]

.... = Wahnsinn!

Trop cool! .... = ...

.... = (Sie waren) super!

C'est trop fort, (ton histoire)! .... = ...

.... = Was für ein Idiot!

(Matéo) a fait l'idiot. .... = ...

.... = Das ist immer so mit (ihm).

Arrête! .... = ...

.... = Angeber!/Angeberin!

[Unité 4]

C'est horrible! .... = ...

.... = Das ist doof!

[Unité 6]

C'est génial! .... = ...

[Unité 7]

.... = Das kann doch nicht wahr sein!

Non, mais je rêve! .... = ...

.... = Das ist furchtbar!

Ce n'est pas possible! .... = ...

Les mots pour le dire

Seine Meinung äußern

[Unité 3]

Je trouve que c'est (joli/sexy/moche). .... = ...

.... = Das ist (hübsch/sexy/hässlich). ....

C'est top pour (danser). .... = ...

.... = (Diese Turnschuhe) sind total cool!

.... = (Dieser Pulli) ist hübsch. ....

Ce n'est pas mon truc. .... = ...

.... = Meiner Meinung nach (haben deine Eltern

....   Angst). ....

[Unité 6]

C'est important (pour gagner). .... = ...

.... = Ich denke, dass (man Talent braucht). ....

.... = Das ist es, was zählt. ....

C'est dur, mais c'est comme ça. .... = ...

.... = Das ist mir egal. ....

Ça dépend. .... = ...

Ratschläge geben

[Unité 3]

Il ne faut pas (baisser les bras). = ...

....

.... = Man muss (Argumente finden).....................

Tu pourrais (regarder sur Internet). = ...

.... = Hast du mit (einem Spezialisten / einer

.... Spezialistin) gesprochen?

Pourquoi est-ce que tu (ne mets pas un = ...

tatouage temporaire)? ....

.... = Viel Glück!

[Unité 4]

Ne donne jamais ton mot de passe. = ...

.... = Lade niemanden zu dir ein.

N'écris rien sur toi. = ...

.... = Hacke nicht jemandes Profil.

_____ = _____

_____ = _____

_____ = _____

_____ = _____

Les mots pour le dire

Nachfragen und Gesagtes wiedergeben

[Unité 3]

.... = Ich verstehe nicht...

[Unité 6]

Il/Elle dit que (c'est dur)........................ = ...

[Unité 7]

.... = Wie bitte?..

Je n'ai pas compris,.............................. = ...

.... = Können Sie das bitte noch einmal wiederholen?

....

Il/Elle demande si (la piscine ouvre à dix......... = ...

heures)... ....

.... = Ich glaube, dass (wir in einem Hof sind)..............

....

_____ = _____

_____ = _____

_____ = _____

_____ = _____

_____ = _____

Über Feste sprechen

[Unité 5]

Quelle fête est-ce que tu préfères? = ...

.... = Mein Lieblingsfest ist (Weihnachten). ....

J'adore / J'aime beaucoup (la fête des voisins). = ...

....

J'adore fêter (mon anniversaire). = ...

.... = Es ist mein Lieblingsfest, weil (sich die Familie ....

.... trifft). ....

(La fête des voisins), c'est top pour faire = ...

connaissance. ....

.... = Welche Lieder singt ihr / singen Sie? ....

....

Quels plats est-ce que vous préparez? = ...

.... = Wir kochen (unsere traditionellen Gerichte). ....

....

On apporte (des boissons). = ...

.... = Wir essen bis (Mitternacht). ....

Il y a (les treize desserts). = ...

36

Les mots pour le dire

.... = Wir stellen Tische und Stühle (auf die Straße).

....

Nous faisons (des salades). .... = ...

Vous fêtez avec qui? .... = ...

.... = Wir fahren / Ich fahre immer zu (meinem

.... Großvater).

Cette année, je sors (avec mes copains). ... = ...

.... = Gibt es Geschenke?

Nous trouvons nos cadeaux (sous le sapin). .. = ...

.... = Was wirst du anziehen?

_____ = _____

_____ = _____

_____ = _____

_____ = _____

_____ = _____

_____ = _____

_____ = _____

_____ = _____

Über Essen und Trinken sprechen

[Unité 5]

....	= Man braucht (Mehl, Zucker und Eier). ....
Je mélange (la farine, le sucre et les œufs).	= ....
....	= Ich gebe (den Rest) dazu. ....
Nous devons rajouter (de la farine).	= ....
....	= Der Teig muss sehr dünn sein. ....
Je découpe (la pâte) en carrés.	= ....
	....
....	= Ich lege (die Oreillettes) in (das heiße Öl). ....
....	
On attend cinq minutes.	= ....
....	= Mit ein bisschen (Puderzucker) schmeckt es / .....
....	schmecken sie sehr lecker. ....
C'est (très) bon!	= ....
_____	= _____
_____	= _____
_____	= _____
_____	= _____

Les mots pour le dire

Einkaufen

[Unité 3]

....	=	Schau dir mal diese Turnschuhe an! ....
Excusez-moi, est-ce que vous avez (cette robe) en S?	=	....
....	=	Wollen Sie ihn/sie/es anprobieren? ....
Je voudrais essayer (ce pull).	=	....
....	=	(Er/Sie/Das) steht dir gut. ....
....	=	Das ist (zu) teuer. ....
....	=	Wie viel kostet (er/sie/es)? ....
On prend (ce pantalon).	=	....
	=	
	=	
	=	
	=	
	=	
	=	
	=	

Über das Internet sprechen

[Unité 4]

Qu'est-ce que tu fais sur Internet? .... = ...

.... = Ich nutze das Internet (sehr wenig)..........

Sur (mon blog), je montre (des photos)............. = ...

....

.... = Ich lade (meine Lieblingsmusik) herunter........

....

Il connaît bien (le web et ses réseaux)............. = ...

....

Je vais sur (deux) sites pour comparer............ = ...

....

.... = Ich gebe niemals mein Passwort weiter............

....

.... = Es gibt Sicherheitsregeln..............................

....

_____ = _____

_____ = _____

_____ = _____

_____ = _____

Les mots pour le dire

Zusammen spielen

Spielen

[Unité 5]

.... = Würfle noch einmal. / Du bist noch einmal dran.

....

Va à la case (trois). .... = ...

.... = Gehe auf Feld (drei) zurück.

.... = Bravo!

Nach dem Weg fragen

Wegbeschreibung

[Unité 7]

.... = Entschuldigen Sie, wir suchen den Weg nach ....

.... (Ganges).

Pardon, monsieur/madame, pour aller à .... = ...

(l'hôtel) ...? ....

.... = Wo ist (der Supermarkt) / (die Mediathek)?

....

Den Weg beschreiben

[Unité 7]

Vous prenez (la première rue) (à gauche). = ...

....

Après (500 mètres), tu tournes à droite. = ...

....

.... = An der (zweiten) Kreuzung biegst du (links) ab.

....

.... = Bei der Ampel biegen Sie (rechts) ab.

....

Au bout de la rue, tu tournes (à gauche). = ...

....

.... = Du überquerst (zwei Straßen).

.... = Du gehst/fährst immer geradeaus weiter.

Il y a (un feu rouge) (en face de l'église). = ...

....

.... = Da ist es.

Et voilà (l'hôtel). = ...

.... = Das ist einfach.

Mots en contexte

>>> Formuliere die französischen Sätze und schreibe sie auf. Die Lösungen findest du in der rechten Spalte und in den weiß unterlegten Balken der ▶ *Liste de mots* im Buch ab S. 181.
Die Zahlennummmerierung entspricht den hochgestellten Zahlen der rechten Spalte.

Auf die Leerzeilen kannst du zusätzliche Sätze, die du dir merken möchtest, notieren.

▶ S. 181/182

1. Du sagst, dass ihr eure Freunde vor dem Kino trefft.

<u>Nous rencontrons nos copains devant</u>

<u>le cinéma.</u>

2. Du sagst, dass Tante Lucie deine Lieblingstante ist.

....

....

3. Du sagst, dass ihr am Wochenende zusammen Volleyball spielt.

....

....

▶ S. 182/183

4. Du fragst deinen Freund / deine Freundin, ob er/sie Berge gerne mag.

....

....

_____

_____

_____

_____

_____

Trois jeunes en difficulté [Unité 2 Approches]

▶ S. 183/184

1. Du sagst, dass hier viele Jugendliche surfen.

....

....

2. Du sagst, dass dir das Fach Geschichte-Erdkunde große Schwierigkeiten bereitet.

....

....

3. Du sagst, dass Tomaten rot sind.

....

....

4. Du sagst, dass sich auf dem Strand viele Möwen aufhalten.

....

....

5. Du sagst, dass es heute viele Wellen gibt.

....

....

6. Du sagst, dass dein Vater Rettungsschwimmer ist.

....

....

7. Du sagst zu deinem Freund, dass er deine Probleme oft nicht beachtet.

....

....

8. Du sagst, dass der Lehrer das Klassenzimmer verlassen hat.

....

....

9. Auf die Frage eines Touristen / einer Touristin, wie weit es zum Strand ist, sagst du ihm/ihr, dass er/sie 100 Meter laufen (muss) und (dann) am Strand ist.

....

....

....

10. Du sagst, dass das Boot gekentert ist.

....

....

11. Du sagst zu Matéo, dass er seinen Vater rufen soll.

....

....

....

....

....

Mots en contexte

Matéo super-héros! [Unité 2 Texte A]

▶ S. 184/185

1. Du sagst, dass der Rettungsschwimmer ein
   Held ist.

   ....

   ....

2. Du möchtest wissen, wer Maléos Superheld/
   Superheldin ist.

   ....

   ....

3. Du sagst, dass dein Banknachbar zu spät
   kommt und fügst hinzu, dass das oft vorkommt.

   ....

   ....

4. Du sagst, dass ihr heute Nachmittag Abend zu
   Hause bleibt.

   ....

   ....

5. Du willst wissen, ob dein Freund / deine
   Freundin in den Bus einsteigt.

   ....

   ....

▶ S. 185/186

6. Du erwähnst, dass im November die Blätter
   fallen.

   ....

   ....

7. Du erzählst, dass es der Rettungsschwimmer
   nicht mit der Angst bekommt.

   ....

   ....

8. Du sagst, dass die Jugendlichen das Surfbrett
   umdrehen.

   ....

   ....

9. Du forderst Felix auf, wieder in das Boot
   einzusteigen.

   ....

   ....

10. Du sagst, dass Lea ihrem Bruder hilft.

    ....

    ....

11. Du fragst, ob dein Freund / deine Freundin
    sein/ihr Fahrrad bis nach Hause geschoben hat.

    ....

    ....

12. Lôc fordert Matéo auf aufzuhören und fügt
    hinzu, dass er nicht kentern will.

    ....

    ....

13. Du möchtest wissen, was los ist und fragst dein Freund / deine Freundin, ob er/sie auf dem Laufenden ist.

Matéo, quel idiot! [Unité 2 Texte B]

▶ S. 187/188

1. Ihr sprecht über einen Mitschüler und sagt: „Was für ein Idiot! Er hat seine Hausaufgaben nicht gemacht."

2. Du sagst, dass sie die Fahne gehisst haben.

3. Du sagst, dass sich dein Cousin wie ein Idiot aufgeführt hat.

4. Du sagst, dass sie mit ihrem Surfbrett angegeben hat.

5. Du sagst, dass Matis dein Cousin ist und fügst hinzu, dass ihr oft bei ihm fernseht.

6. Du sagst, dass sie es wegen der Wellen mit der Angst bekommt.

7. Du stellst deine Freundinnen vor und sagst, dass du mit ihnen nach Hause gehst.

8. Du sagst zu einem Mitschüler / einer Mitschülerin, dass er/sie zu Fuß nicht weit kommt.

9. Du sagst, dass sie ins Wasser gefallen sind und forderst Claire auf, um Hilfe zu rufen.

10. Du sagst, dass die Rettungsschwimmer gestern den Jungen gerettet haben.

Mots en contexte

C'est mon style! [Unité 3 Approches]

▶ S. 188/189

1. Du fragst, ob dein Freund / deine Freundin einen grünen oder einen roten Apfel mag.

....

....

2. Du sagst, dass sie einen schwarzen Kaffee möchte.

....

....

3. Du möchtest wissen, wie viel die Tops kosten.

....

....

4. Du sagst, dass du nicht zufrieden bist und fügst hinzu, dass du oft trübsinnige Gedanken hast.

....

....

5. Du fragst nach, ob es um „Eyeless" geht und fügst hinzu, dass sie Krach machen (laut sind).

....

....

6. Du sagst, dass deine Katze schwarz und weiß ist.

....

7. Du sagst, dass die französische Fahne blau, weiß und rot ist.

....

....

8. Du sagst, dass du oft die Kleider deiner Schwester trägst.

....

....

▶ S. 189/190

9. Deine Mutter fordert dich auf, deine Pullis in den Schrank zu räumen.

....

....

10. Deine Mutter bittet dich, den Salat zu mischen.

....

....

11. Du sagst, dass Audrey rosa Kleider mag.

....

....

12. Du sagst, dass deine Freundin immer modische Kleidung trägt.

....

....

13. Du sagst deinem Freund / deiner Freundin,
    dass seine/ihre Kappe hübsch ist.

    ....

14. Du sagst, dass deine Tante graue Strähnen hat.

    ....

    ....

Elles prennent leur temps au Polygone [Unité 3 Texte A]

▶ S. 190/191

1. Du sagst zu deinem Freund / deiner Freundin,
   dass er/sie sich Zeit lassen kann, dass ihr nicht
   zu spät dran seid.

   ....

   ....

2. Beim Einkaufen deutest du auf Röcke und
   sagst, dass diese hübsch sind.

   ....

3. Du deutest auf Kleidungsstücke und sagst,
   dass diese wirklich hässlich sind.

   ....

4. Du deutest auf ein Haus und sagst, dass dieses
   Haus wie eine Schule aussieht

   ....

   ....

5. Du sagst, dass Regenmäntel modern sind.

   ....

   ....

6. Du sagst, dass dieses Buch teuer ist und fügst
   hinzu, dass es 33 Euro kostet.

   ....

   ....

7. Du sagst zu deiner Mutter: „Schau mal. Die
   Äpfel sind hier teuer!"

   ....

   ....

8. Du erzählst, dass deine Freunde immer deine
   Probleme verstehen.

   ....

   ....

Mots en contexte

Ils te donnent leur avis   [Unité 3 Texte B]

▶ S. 192/193

1. Du möchtest wissen, ob der Junge deiner Freundin seine Adresse gegeben hat.

....

....

2. Du forderst deinen Freund / deine Freundin auf, dir zuzuhören und fügst hinzu, dass du ihm/ihr deine Meinung sagst.

....

....

3. Du sagst, dass er seine Schlüssel unter dem Bett gefunden hat.

....

....

4. Du findest, dass ihr zu viel Arbeit habt.

....

....

5. Du sagst, dass die Rettungsschwimmer die rote Fahne heruntergelassen haben.

....

....

6. Du forderst deinen Freund / deine Freundin auf, nicht aufzugeben.

....

....

7. Du sagst, dass du keine Argumente findest.

....

....

8. In einem Brief schreibst du: „Lieber Alex! Ich lade dich zu meiner Party ein.“

....

....

9. Du möchtest wissen, ob dein Mitschüler / deine Mitschülerin mit der Lehrerin gesprochen hat.

....

....

▶ S. 193/194

10. Du sagst, dass man die Risiken nicht ignorieren darf.

....

....

11. Du fragst, ob dir ein Klassenkamerad / eine Klassenkameradin sein/ihr Handy zeigt.

....

....

12. Du erklärst, dass man für die Durchführung einer Tätowierung Instrumente braucht.

....

....

13. Du sagst, dass sich Patrick in seiner Hose nicht wohl fühlt.

....

....

14. Du sagst, dass dir deine Eltern keine Tätowierung auf dem Arm erlauben.

....

....

15. Du sagst, dass dir deine Eltern oft Ratschläge geben.

....

....

16. Du erzählst, dass du vom Skateboard herunter gefallen bist und dass es wehgetan hat.

....

....

_____

_____

_____

_____

Mots en contexte

▶ S. 194/195

1. Du sagst, dass die Jugendlichen heute Abend ins Kino gehen.

....

....

2. Du sagst, dass du für deinen Vortrag Informationen im Internet suchst.

....

....

3. Du fragst deinen Freund, ob er ein Profil im Internet hat.

....

....

4. Du erzählst, dass sie dir in die Augen geschaut hat.

....

....

5. Du sagst, dass Strähnen im Haar modisch sind.

....

....

6. Du erwähnst, dass du blonde Haare wie deine Mutter hast.

....

....

7. Du sagst, dass diese Turnschuhe zu groß für dich sind.

....

....

8. Du sagst, dass ihr im Sport gerade schwimmt.

....

....

9. Du sagst, dass dieser Kuchen gut ist.

....

....

10. Du sagst, dass du es cool findest, dass morgen Ferien sind.

....

....

11. Du sagst, dass du unangekündigte Tests hasst.

....

....

12. Du fragst deine Freundin, ob ihr Bruder schüchtern ist.

....

....

13. Du sagst, dass du Französisch und Englisch lernst.

....

....

14. Du sagst, dass du Englisch sprichst und fügst hinzu, dass du amerikanischen R&B magst.

....

....

▶ S. 195/196

15. Du erwähnst, dass ihr in deiner Familie braunhaarig seid.

....

....

16. Du fügst hinzu, dass in deiner Familie alle klein sind.

....

....

17. Du erzählst, dass ihr in Kunst Mangas zeichnet.

....

....

18. Du stellst fest, dass dieses Handy schlecht ist und fügst hinzu, dass es nicht funktioniert.

....

....

19. Du sagst, dass ihr Monstergeschichten mögt.

....

....

20. Du sagst, dass man keine Angst haben muss, dass dieser Hund nett ist.

....

....

21. Du sagst, dass ihr Spiele für seine/ihre Party organisiert habt.

....

....

22. Du sagst dass du dir ein Computerspiel (als Geschenk) wünschst.

....

....

23. Du sagst, dass ihr morgen keinen Sport habt und dass du das doof findest.

....

....

Mots en contexte

C'est criminel! [Unité 4 Texte A]

▶ S. 196/197

1. Du fragst einen Mitschüler / eine Mitschülerin, ob man sein/ihr Profil benutzt hat und fügst hinzu, dass das kriminell ist.

....

....

2. Du sagst, dass du deine Schwester angerufen hast und dass du sie im Park treffen wirst.

....

....

3. Du sagst, dass jemand illegal in deinen Computer eingedrungen ist.

....

....

4. Du sagst, dass sie deiner Meinung nach das Spiel manipuliert haben.

....

....

5. Du sagst, dass der Lehrer immer Kommentare macht.

....

....

6. Du sagst, dass du deine Kommentare von gestern gelöscht hast.

....

....

7. Du sagst, dass man in den Videospielen Feinde hat.

....

....

8. Du erwähnst, dass du folgende zwei Dinge nicht magst: Kochen und Zimmer aufräumen.

....

....

9. Du bist neu in der Schule und fragst eine erwachsene Person, ob er/sie der Schulleiter / die Schulleiterin ist.

....

....

10. Du begrüßt Enzo und fragst, ob man ihn wegen Lucs Party informiert hat.

....

....

Ne donne jamais ton mot de passe [Unité 4 Texte B]

▶ S.198/199

1. Du erklärst, dass die Schuldigen beim Direktor sind.

....

....

2. Du fragst deinen Freund / deine Freundin, ob er/sie die schwarze Jeans oder die blaue Jeans bevorzugt.

....

....

3. Du möchtest von deinem Freund / deiner Freundin wissen, ob er/sie oft Fotos herunterlädt.

....

....

4. Du fragst einen Mitschüler / eine Mitschülerin, ob ihr eure Antworten vergleichen sollt.

....

....

5. Du sagst, dass es im Sport Regeln gibt.

....

....

6. Du sagst, dass es für dich wichtig ist, modische Kleider zu tragen.

....

....

7. Du stellst fest, dass niemand zu Hause ist.

....

....

8. Du forderst Sarah auf, auf die Wellen aufzupassen.

....

....

_____

_____

Mots en contexte

▶ S. 202/203

1. Du sagst, dass bald dein Geburtstag ist.

....

....

2. Du freust dich, dass dein Geburtstag in zwei
Wochen ist.

....

....

3. Du forderst deine Freunde auf, vor 10 Uhr nach
Hause zu kommen.

....

....

4. Du fragst einen Mitschüler / eine Mitschülerin,
warum er/sie dir nicht antwortet.

....

....

5. Du erzählst, dass beim Fußball Frankreich
gegen Deutschland verloren hat.

....

....

▶ S. 203

6. Du sagst, dass sie im Polygone günstige
Turnschuhe verkaufen.

....

....

7. Du fragst, wer Chips zum Fest mitbringt.

....

....

8. Deine Mutter kommt nach Hause und äußert
sich erfreut darüber, dass du eingekauft hast.

....

....

9. Du fragst jemanden, ob er/sie etwas hört.

....

....

10. Du erzählst, dass deine Eltern die Nachbarn
eingeladen haben.

....

....

....

Ma fête préférée, c'est … [Unité 5 Texte A]

▶ S. 203/204

1. Du fragst deinen Austauschpartner / deine Austauschpartnerin, wie er/sie Weihnachten feiert.

....

....

2. Du sagst, dass du heute Nachmittag mit deinen Freunden ausgehst.

....

....

3. Du fragst deinen Austauschpartner / deine Austauschpartnerin, ob es in seiner/ihrer Gegend ein traditionelles Gericht gibt.

....

....

4. Du fragst, ob es noch Getränke im Kühlschrank gibt.

....

....

5. Du sagst, dass du gestern deine Nachbarn kennengelernt hast und dass sie nett sind.

....

....

▶ S. 204/205

6. Du fragst deine Freunde, ob sie jetzt wegfahren.

....

....

7. Du erzählst, dass deine Tante für euch ein chinesisches Gericht vorbereitet.

....

....

8. Du fragst, welche Farbe dein Freund / deine Freundin bevorzugt.

....

_____

_____

_____

Mots en contexte

La recette des oreillettes [Unité 5 Texte B]

▶ S. 206/207

1. Du fragst deine Freunde, ob sie Pläne für die Ferien haben.

....

....

2. Du schlägst vor, dass ihr eure Idee Rémy vorstellt.

....

....

3. Du sagst, dass man Musik braucht, um zu tanzen.

....

....

4. Du sagst, dass Zitronen gelb sind.

....

....

5. Du sagst, dass man die Fotos an die Wand klebt.

....

....

6. Du bittest deinen Freund / deine Freundin, seinen/ihren Namen auf der Liste hinzuzufügen.

....

....

7. Du stellst fest, dass jemand *(= er)* feine Haare hat.

....

....

8. Du sagst, dass man zuerst die Tomaten schneidet.

....

....

9. Du warnst deine Freunde und sagst ihnen, dass die „Öhrchen" heiß sind.

....

....

10. Du forderst deinen Freund / deine Freundin auf, 100 Gramm Zucker hinzuzugeben.

....

....

11. Du sagst, dass man 50 Milliliter Milch braucht.

....

....

▶ S. 207/208

1. Du erzählst, dass deine große Leidenschaft das Windsurfen ist.

....

....

2. Du sagst, dass du ein Fan von Zaz bist.

....

3. Du fragst deinen Freund / deine Freundin, warum er/sie Grégoire bewundert.

....

....

4. Du sagst zu deinem Bruder, dass du ihn im ganzen Haus gesucht hast.

....

....

5. Du sagst bewundernd über deine Großeltern, dass sie auf drei Kontinente gefahren sind.

....

....

6. Du teilst jemandem mit, das Zoë ein Handy gewonnen hat.

....

....

7. Du erzählst, dass dein Großvater sein ganzes Leben in diesem Haus verbracht hat.

....

....

▶ S. 208/209

8. Du sagst, dass dieser Handballer super ist.

....

9. Du deutest auf eine Frau und sagst, dass sie olympische Schwimmmeisterin ist.

....

....

10. Du sagst, dass dein Lieblingsschauspieler Xavier Dolan ist.

....

....

11. Du stellst fest, dass dein Bruder viel auf seinem Computer spielt.

....

....

_____

_____

_____

Mots en contexte

Une interview avec un champion [Unité 6 Texte A]

▶ S. 209/210

1. Du sagst, dass du gestern deine Nachbarin in der Stadt getroffen hast.

....

....

2. Du sagst deinem Freund / deiner Freundin, dass du seine/ihre Idee Manu (ihm) erklären wirst.

....

....

3. Du erklärst, dass der Lehrer den Schülern Fragen stellt.

....

....

4. Du äußerst dich lobend über deine Lehrerin und sagst, dass sie die Schüler grüßt.

....

....

5. Du sagst, dass man der Ansicht ist, dass sie die Meisterschaft gewinnen.

....

....

6. Du stellst einen Mitschüler / eine Mitschülerin vor und sagst, dass er/sie der/die beste Schüler/in der Schule ist und fügst hinzu, dass er/sie viel arbeitet.

....

....

7. Du sagst, dass Karabatic dein Lieblingshand-ballspieler ist.

....

....

8. Du sagst, dass sie für die Klassenarbeit motiviert ist.

....

....

9. Du beteuerst, dass Lucie und du für immer Freundinnen sein werdet.

....

....

10. Du erzählst, dass ihr in der Schule Englisch lernt.

....

....

11. Bei einem Fußballspiel sagst zu deinem Vater, dass sie verlieren werden und fragst, ob er das nicht auch denkt.

....

....

12. Du deutest auf zwei Jungen und sagst, dass sie denken, dass du kein Französisch sprichst.

....

....

La passion, c'est ça qui compte! [Unité 6 Texte B]

▶ S. 211

1. Du möchtest wissen, ob dein Freund / deine Freundin ein Musikinstrument spielt.

....

....

▶ S. 212

2. Du sagst, dass du gerne Fußball spielst.

....

....

3. Bei einem Spiel möchtest du wissen, wer anfängt.

....

....

4. Du stellst fest, dass deine Tasche zu schwer ist.

....

....

5. Du sagst, dass du jeden Nachmittag mit deiner Freundin telefonierst.

....

....

Mots en contexte

Découvrez la région de Montpellier! [Unité 7 Approches]

▶ S. 213/214

1. Du wünschst jemandem „Schöne Ferien".

....

2. Du fragst deinen Vater, was er sucht.

....

3. Du erzählst deinem Freund, dass ihr dieses Jahr die Ferien auf einem Zeltplatz verbringen werdet.

....

....

4. Du sagst, dass die Erde ein Planet ist.

....

....

5. Du sagst zu deinem kleinen Bruder, dass ihr jetzt die Straße überquert.

....

....

6. Du sagst zu deinen Eltern, dass du in Schluchten Angst hast.

....

....

7. Du erzählst, dass ihr um 3 Uhr von dem Felsen hinabgestiegen seid.

....

....

▶ S. 214/215

8. Du sagst, dass ihr nur noch die Brücke überqueren müsst und dann schon da seid.

....

....

9. Du fragst deinen Freund / deine Freundin, ob er/sie denn nicht seine/ihre Geschenke öffnet.

....

....

10. Du sagst, dass er dir ein warmes Getränk anbietet.

....

....

_____

_____

_____

_____

Sur la route de Ganges [Unité 7 Texte]

▶ S. 215

1. Du sagst, dass ihr nie ohne GPS losfahrt.

....

....

2. Du forderst jemanden auf jetzt abzubiegen.

....

....

3. Du sagst, dass du viel gegessen hast und fügst hinzu, dass du keinen Hunger mehr hast.

....

....

4. (Deine Eltern wundern sich, dass deine Freundin nichts sagt.) Du erklärst, dass du glaubst, dass sie schüchtern ist.

....

....

....

5. Dein Freund fragt, ob du deine Eltern gefragt hast und will wissen, ob ihr ausgehen könnt.

....

....

6. Du sagst, dass ihr fragt, ob sie ein Handy haben.

....

....

▶ S. 216

7. Du sagst, dass diese Hausaufgaben sehr leicht sind.

....

....

8. Du sagst, dass das Café gegenüber vom Supermarkt ist.

....

....

9. Du sagst, dass man fünf Kilometer fahren muss, um am Stadion anzukommen.

....

....

....

....

Mots en contexte

Regardez-les [Supplément 1] facultatif

▶ S. 216/217

1. Du sprichst über deine Schwester / deinen Bruder und sagst, dass ihre/seine Hände sehr groß sind.

....

....

2. Du sagst „Verflixt!" und fügst hinzu, dass du dein Buch vergessen hast.

....

....

3. Du bittest deine Freunde, dich zu lassen und fügst hinzu, dass du hier bleiben willst.

....

....

4. Du erklärst, dass Lukas gerne alleine in seinem Zimmer ist.

....

....

La lettre de Selma [Supplément 2] facultatif

▶ S. 217

1. Dein Bruder ist Langschläfer und du sagst, dass er nie vor 11 Uhr aufsteht.

....

....

2. Du fragst, ob ihr im Meer baden sollt?

....

3. Du erzählst, dass du mittags im Park spazieren gehst.

....

....

4. Du berichtest, dass ihr euch eure Abenteuer erzählt.

....

....

5. Du sagst, dass du viele Freunde auf Visago hast.

....

....

6. Du erzählst, dass du spät ins Bett gehst.

....

....

7. Du erzählst, dass man sich mit Younous gut amüsiert.

....

....

8. Dein Bruder und du erzählt, dass ihr euch nie streitet.

....

....

Ils viennent du monde entier [Supplément 3] `facultatif`

▶ S. 218

1. Du sagst, dass die Schüler in dieser Schule aus der ganzen Welt kommen.

....

....

2. Du erzählst, dass Gérard Depardieu der Lieblingsschauspieler deines Vaters ist.

....

....

3. Du hast nicht verstanden und fragst nach, ob er später Regisseur werden will.

....

....

4. Du sagst, dass dein Vater in Bremen geboren ist.

....

5. Ihr sagt zu euren Eltern, dass ihr diesen Rap-Sänger sehr gerne mögt.

....

....

Elle m'aime, elle ne m'aime pas [Supplément 4] `facultatif`

▶ S. 219

1. Du sagst, dass dich Mangas nicht mehr interessieren.

....

....

2. Du sagst, dass du die Mädchen in deiner Klasse nicht mehr erträgst.

....

....

Devine! [Supplément 5] `facultatif`

▶ S. 220

1. Du fragst, ob dein Freund / deine Freundin die Antwort erraten kann.

....

....

2. Du erklärst deinem kleinen Bruder, dass man im Museum die Gegenstände nicht anfasst.

....

....

3. Du erklärst, dass Elefanten viel fressen.

....

....

4. Du willst wissen, ob dein Freund / deine Freundin Luise in der Stadt getroffen hat.

....

....

Grammaire

Die regelmäßigen Verben auf -er →

présent   ❗ Die folgenden Verben auf -er haben jeweils eine Besonderheit.

	rester (bleiben) [Unité 2]	**appeler** (rufen) [Unité 2]	**mélanger** (mischen) [Unité 3]	**essayer** (versuchen) [Unité 3]
je/j'	rest-__e__	_____ l _	_____	_____ i _
tu	rest-__e s__	_____ l ___	_____	_____ i _
il/elle/on	rest-__e__	____ l __	_____	____ i __
nous	rest-__o n s__	_____	_____ e __	_____
vous	rest-__e z__	_____	_____	_____
ils/elles	rest-__e n t__	_____ l ___	_____	_____ i __
ebenso:	Die regelmäßigen Verben auf -er **ohne Besonderheit** werden alle gleich konjugiert (Ausnahme: **aller**).		.... (essen) .... (korrigieren) .... (aufräumen) .... (herunterladen) [Unité 4]	

impératif

__R e s t e__!	_____ l _!	_____!	_____ i _!
_____!	_____!	____ _____ e ____!	_____!
_____!	_____!	_____!	_____!

passé composé [Unité 2]

je __s u i s__ rest__é e__	j'___ appel__	j'___ mélang__	tu ___ essay__

→ Die regelmäßigen Verben auf -er

présent   ❗ Die folgenden Verben auf *-er* haben jeweils eine Besonderheit

	effacer (löschen) [Unité 4]	**préférer** (bevorzugen) [Unité 4]	**acheter** (kaufen)
je/j'	_____	_____ è ____	____ è ____
tu	_____	_____ è ____	____ è ____
il/elle/on	_____	_____ è ____	____ è ____
nous	_____ç_____	_____	_____
vous	_____	_____	_____
ils/elles	_____	_____ è ____	____ è ____
ebenso:	.... (anfangen) [Unité 6]	.... (wiederholen) [Unité 7]	

impératif

	_____!	_____ è ___!	____ è ___!
	_____ç___!	_____!	_____!
	_____!	_____!	_____!

passé composé [Unité 2]

il __ effac__	j'__ préfér__	j'__ achet__

Tu as effacé tout le tableau?

J'ai préféré prendre un milkshake.
Et toi, tu as acheté quoi?

Grammaire

Die regelmäßigen Verben auf –dre und –ir

présent

	-dre Typ **attendre** (warten) [Unité 5]	**-ir** Typ **partir** (wegfahren) [Unité 5]	**-ir** Typ **ouvrir** (öffnen) [Unité 7]
je/j'	attend _s_	par__	ouvr__
tu	attend__	par__	ouvr____
il/elle/on	attend	par__	ouvr__
nous	attend_____	part_____	ouvr_____
vous	attend____	part____	ouvr____
ils/elles	attend_____	part_____	ouvr_____
ebenso:	.... (hören)	.... (ausgehen)	.... (schenken)
	.... (verlieren)	.... (schlafen)	.... (entdecken)
	.... (antworten)	.... (servieren) [**Supplément 2** facultatif]	
	.... (verkaufen)		
	.... (hinabsteigen) [Unité 7]		

impératif

Attend _s_ !	_____ !	_____ !
Attend____ !	_____ !	_____ !
Attend__ !	_____ !	_____ !

passé composé [Unité 2]

j'____ attend__	il _____ part__	nous _____ ouvert
	elle _____ part___	

Die unregelmäßigen Verben →

Die unregelmäßigen Verben **aller, faire, vouloir** und **pouvoir** kennst du schon! Im *passé composé* auch?

aller (gehen)	→ je suis all __ / __
faire (machen)	→ tu ____ _____
pouvoir (können)	→ il __ ___
vouloir (wollen)	→ nous _____ _____

présent

	prendre (nehmen) [Unité 3]	**mettre** (legen, anziehen) [Unité 3]	**connaître** (kennen) [Unité 4]
je	p r e n d s	_____	_____
tu	_____	_____	_____
il/elle/on	_____	_____	_____ î __
nous	_____	_____	_____
vous	_____	_____	_____
ils/elles	_____	_____	_____
ebenso:	.... (verstehen)	.... (erlauben)	
	.... (lernen) [Unité 6]		

impératif

	P r e n d s !	_____ !
	_____ !	_____ !
	_____ !	_____ !

Prends tes cahiers et mets ton manteau. Le train arrive!

passé composé [Unité 2]

j' a i p r i s   tu __ _____   elle __ _____

Grammaire

Alle Verben findest du auf S. 175 oder auf dem Webcode **ATOI-2-175** unter **www.cornelsen.de/webcodes**.

présent

	écrire (schreiben) [Unité 4]	**devoir** (müssen) [Unité 5]
je/j'	_____	_____
tu	_____	_____
il/elle/on	_____	_____
nous	é c r i v o n s	_____
vous	_____	_____
ils/elles	_____	_____

impératif

_____!

_____!

_____!

passé composé [Unité 2]

nous _____ _____   vous _____ ___

Qu'est-ce que tu fais?

J'écris un SMS à ma mère.
Elle doit m'attendre devant l'école.

→ Die unregelmäßigen Verben

présent

	voir (sehen) [Unité 6]	**dire** (sagen) [Unité 6]	**lire** (lesen) [Unité 6]	**venir** (kommen) [Supplément 3 facultatif]
je	_ _ _ _ _	_ _ _ _	_ _ _	_ i _ _ _
tu	_ _ _ _	_ _ _ _	_ _ _	_ i _ _
il/elle/on	_ _ _ _	_ _ _	_ _ _	_ i _
nous	_ _ _ _ _	_ _ _ _ _	_ _ _ _ _	_ _ _ _ _
vous	_ _ _ _ _	_ _ t _ _ _	_ _ _ _ _	_ _ _ _ _
ils/elles	_ _ _ _ _	_ _ _ _ _	_ _ _ _	_ i _ _ n _ _ _

impératif

	voir	dire	lire	venir
	V o i s !	_ _ _ !	_ _ _ !	_ _ _ _ _ !
	_ _ _ _ _ _ !	_ _ _ _ _ _ !	_ _ _ _ _ _ !	_ _ _ _ _ _ !
	_ _ _ _ _ !	_ _ _ _ _ !	_ _ _ _ _ !	_ _ _ _ _ !

passé composé [Unité 2]

	voir	dire	lire	venir
	il _ _ _ _	tu _ _ _ _ _ _	elles _ _ _ _ _ _ _	je _ _ _ _ _ _ _ _ _ _ _ / _

Reflexive Verben [Supplément 2] ~~facultatif~~

	se disputer (sich streiten)
je	**me** dispute
tu	**te** disputes
il/elle/on	**se** dispute
nous	**nous** disputons
vous	**vous** disputez
ils/elles	**se** disputent

> Je m'amuse beaucoup!

> Ich amüsiere **mich** auch!

! Einem französischen reflexiven Verb entspricht nicht immer ein deutsches reflexives Verb.

Vergleiche: **se** disputer = sich streiten   **se** lever = ■ aufstehen

_ ' _ _ _ _ _ _ _ _ _ _ = heißen   _ _ _ _ _ _ _ _ _ _ _ _ = baden

_ _ _ _ _ _ _ _ _ _ _ _ _ = spazieren gehen   _ _ _ _ _ _ _ _ _ _ _ _ = schlafen gehen

Grammaire

Faire du / de l' / de la [Unité 1]

 **Ils font du** foot.
Ils adorent ça!

 Elle _ _ _ _ _ _ _ _ _ ̄esca-
lade,
mais c'est dur!

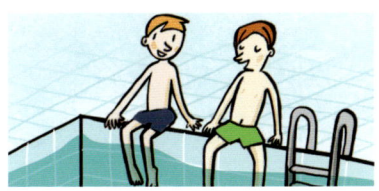 – Nous _ _ _ _ _ _ _ _ _ _ _ _ natation,
nous adorons l'eau! Et toi, qu'est-ce que tu fais comme sport?

– Moi, je ....

 – Nous, **on ne fait pas de sport**: ma sœur **fait du shopping** et
moi, **je fais de la guitare**. Et toi, qu'est-ce que tu fais comme
instrument de musique?

– Moi, je ....

Jouer au / à l' / à la / aux

 Selma: Jouer _ _ volley sur la plage?
C'est ma passion!

 Anthony: Mon copain et moi jouons souvent

_ _ _ jeux vidéo.

 Marc: Ma petite sœur joue _ _ _ poupée.
Elle adore ça!

Jouer du / de l' / de la [Unité 6]

 Magalie: Ma sœur et moi, nous jouons _ _ _
piano ensemble!

 Alex: Je joue _ _ _ ̄accordéon depuis
l'école primaire!

 Julien: Je joue _ _ _ _ guitare pour moi et
pour mes amis. Ça me plaît!

Die Demonstrativ-, Frage-, und Indefinitbegleiter

Der Demonstrativbegleiter *ce* [Unité 3]		Der Fragebegleiter *quel* [Unité 5]	
vor Konsonant	vor Vokal	vor Konsonant	vor Vokal
ce pantalon **diese** Hose	_____ anorak **dieser** Anorak	**Quel** film? **Welcher** Film?	_____ ami? **Welcher** Freund?
ce pantalon **diese** Hosen	_____ anoraks **diese** Anoraks	_____ films? **Welche** Filme?	_____ amis? **Welche** Freunde?
_____ robe **dieses** Kleid	_____ aventure **dieses** Abenteuer	**Quelle** ville? **Welche** Stadt?	_____ amie? **Welche** Freundin?
_____ robes **diese** Kleider	_____ aventures **diese** Abenteuer	_____ villes? **Welche** Städte?	_____ amies? **Welche** Freundinnen?

Der Indefinitbegleiter *tout* [Unité 6]
_____ ___ temps die **ganze** Zeit
_____ ___ joueurs **alle** Spieler
_____ ___ vie das **ganze** Leben
_____ ____ filles **alle** Mädchen

Andere Indefinitbegleiter: *autre, chaque, même, plusieurs, quelques* [Supplément 4 facultatif]

_____ _____

(**jedes** Wochenende)

_____ _____

(**einige** Schüler)

_____ _____

(**mehrere** Fragen)

___ _____ _____

(die **anderen** Mädchen)

__ _____ _____

(die **gleiche** Geschichte)

Grammaire

Die Pronomen im Überblick →

Verbundene Personalpronomen	Unverbundene Personalpronomen[1] [Unité 2]	Direkte Objektpronomen [Unité 3 und Unité 4]
je (1. Person)	m o i Moi, **je** ne vais pas à la plage. **Ich** gehe nicht an den Strand.	___ / __⁻ Tu __⁻appelles ce soir? Rufst du **mich** heute Abend an?
tu (2. Person)	t o i Et _____? Und **du**?	___ / __⁻ Je __⁻écoute et je ___ comprends. Ich höre **dir** zu und verstehe **dich**.
il/on[2] (3. Person Maskulinum)	____ C'est Lôc? Oui, c'est _____! Ist das Lôc? Ja, das ist **er**!	___ / __⁻ Elle __⁻aime et ___ trouve super. Sie liebt **ihn** und findet **ihn** toll.
elle (3. Person Femininum)	_____ Selma? Oui, il est souvent avec _____. Selma? Ja, er ist oft mit **ihr** zusammen.	l a / l ' Cette musique, il ___ connaît et __⁻écoute tous les jours. Diese Musik, er mag **sie** gern und hört **sie** jeden Tag an.

Verbundene Personalpronomen	Indirekte Objektpronomen [Unité 6]	Reflexivpronomen [Supplément 2 facultatif]
je (1. Person)	m e / m ' Tu ___ donnes son livre? Gibst du **mir** sein Buch?	___ / __⁻ Je ___ lève à 7 heures. Ich **stehe** um 7 Uhr **auf**.
tu (2. Person)	t e / t ' Oui, je ___ raconte une histoire. Ja, ich erzähle **dir** eine Geschichte.	___ / __⁻ Tu ___ lèves à quelle heure? Um wievel Uhr **stehst** du **auf**?
il/on (3. Person Maskulinum)	____ Il _____ dit: «Salut!» (à son frère) Er sagt **ihm**: „Hallo!" (seinem Bruder)	___ / __⁻ Il ___ dispute souvent. Er streitet **sich** oft.
elle (3. Person Femininum)	____ Ils _____ permettent beaucoup de trucs! (à leur fille) Sie erlauben **ihr** viele Sachen! (ihrer Tochter)	___ / __⁻ Elle __⁻amuse bien. Sie amüsiert **sich** gut.

1 Die unverbundenen Personalpronomen können **alleine**, nach einer **Präposition** oder zur **Verstärkung** des Personalpronomens stehen.
2 on steht für man/wir

→ Die Pronomen im Überblick

Verbundene Personalpronomen	Unverbundene Personalpronomen [Unité 2]	Direkte Objektpronomen [Unité 3 und Unité 4]
nous (1. Person)	_ _ _ _ _ Nous, _ _ _ _ _ _ ne sommes pas tombés à l'eau. **Wir** sind nicht ins Wasser gefallen.	_ _ _ _ _ Tu _ _ _ _ _ _ comprends? Hast du **uns** verstanden?
vous (2. Person)	_ _ _ _ _ C'est _ _ _ _ _ _ , les élèves de la 5A? Seid **ihr** die Schüler der 5A?	_ _ _ _ _ Oui, je _ _ _ _ _ _ écoute. Ja, ich höre **euch** zu.
ils (3. Person Maskulinum)	_ _ _ _ Les copains de Matéo? C'est _ _ _ _ _! Die Freunde von Matéo? Das sind **sie**!	l e s Les parents, tu _ _ _ _ _ invites aussi? Die Eltern, lädst du **sie** auch ein?
elles (3. Person Femininum)	_ _ _ _ _ _ Mes amies? Je chante pour _ _ _ _ _ _! Meine Freundinnen? Ich singe für **sie**!	_ _ _ _ Les filles, tu _ _ _ _ _ connais? Tu peux _ _ _ _ _ aider? Die Mädchen, kennst du **sie**? Kannst du **ihnen** helfen?

Verbundene Personalpronomen	Indirekte Objektpronomen [Unité 6]	Reflexivpronomen [Supplément 2 facultatif]
nous (1. Person)	n o u s Tu _ _ _ _ _ _ réponds? Antwortest du **uns**?	_ _ _ _ _ Nous ne _ _ _ _ _ _ disputons pas souvent. Wir streiten **uns** nicht oft.
vous (2. Person)	_ _ _ _ _ Oui, je _ _ _ _ _ _ parle. Ja, ich spreche **euch** an.	_ _ _ _ _ Vous _ _ _ _ _ _ baignez? Badet **ihr**?
ils (3. Person Maskulinum)	_ _ _ _ _ Tu _ _ _ _ _ _ expliques ton travail? (**aux** enfants) Du erklärst **ihnen** deine Arbeit? (den Kindern)	_ _ / _ ‾ Ils _ _ _ lèvent à 6 heures. Sie stehen um 6 Uhr auf.
elles (3. Person Femininum)	_ _ _ _ _ Je _ _ _ _ _ _ montre mes médailles? (**aux** copines) Ich zeige **ihnen** meine Medaillen. (den Freundinnen)	s e / s ' Carine et Sandra _ ‾ amusent bien. Carine und Sandra amüsieren **sich** gut.

Grammaire

Stellung des Pronomens [Unité 3 und Unité 4]

Il _____ comprend. (Er versteht **sie**.)

Il _____ a expliqué le problème. (Er hat **ihm** das Problem erklärt.)

> Pronomen im Satz stehen in der Regel .... dem konjugierten Verb.

Il **ne** __'invite **pas** à sa fête. (Er lädt **ihn nicht** ein.)

Je **ne** _____ regarde **pas**! (Ich schaue **euch nicht** an.)

> Im verneinten Satz schließt die Verneinungsklammer das .... mit ein.

– Quand est-ce que tu **vas appeler** <u>Adeline</u>?

– Je vais __'**appeler** tout de suite.
(futur composé)

– Quand est-ce qu'elle **veut parler** <u>au principal</u>?

– Elle **veut** _____ **parler** demain.
(Modalverb)

– Regarde! <u>Les enfants</u> appellent au secours!

– **Il faut** _____ **aider**!
(Il faut + Infinitiv)

> In Sätzen mit konjugiertem Verb und Infinitiv stehen die Pronomen .... dem Infinitiv
> **[Supplément 4 facultatif].**

Das Adjektiv [Unité 3 und Unité 4]

Farbadjektive [Unité 3]

	le pantalon	les vêtements	la veste	les baskets
☐	b l a n c	b l a n c s	b l a n c h e	b l a n c h e s
🟨	_ _ _ _ _ _	_ _ _ _ _ _	_ _ _ _ _ _	_ _ _ _ _ _
❗🟧	_ _ _ _ _ _	_ _ _ _ _ _	_ _ _ _ _ _	_ _ _ _ _ _
🟥	_ _ _ _ _ _	_ _ _ _ _ _	_ _ _ _ _ _	_ _ _ _ _ _
🟪	_ _ _ _	_ _ _ _ _	_ _ _ _	_ _ _ _ _
🟦	_ _ _ _ _	_ _ _ _ _	_ _ _ _ _	_ _ _ _ _
🟩	_ _ _ _	_ _ _ _ _	_ _ _ _ _	_ _ _ _ _
⬜	_ _ _ _ _	_ _ _ _	_ _ _ _ _	_ _ _ _ _
❗🟫	_ _ _ _ _ _	_ _ _ _ _ _	_ _ _ _ _ _	_ _ _ _ _ _
⬛	_ _ _ _ _	_ _ _ _ _	_ _ _ _ _	_ _ _ _ _

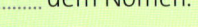

Im Gegensatz zum Deutschen stehen im Französischen die Adjektive .... dem Nomen.
Vergleiche: *le pull* **vert** = *der* **grüne** *Pulli*
Das Adjektiv gleichst du dem Nomen an. Folgende Adjektive sind aber unveränderlich:
marron und *orange*.

Adjektive *bon, nul, gentil* [Unité 4]

	Matéo est …	Matéo et Alex sont …	Selma est …	Selma et Julie sont …
bon	_ _ _ _ en français.	_ _ _ _ _ en allemand.	_ _ _ _ _ _ en anglais.	_ _ _ _ _ _ _ en maths.
nul	_ _ _ _ en sport.	_ _ _ _ en géographie.	_ _ _ _ _ en EPS.	_ _ _ _ _ _ en histoire.
gentil	_ _ _ _ _ _ _ _	_ _ _ _ _ _ _	_ _ _ _ _ _ _	_ _ _ _ _ _ _

Adjektive beschreiben Personen, Tiere, oder Sachen.
Du gleichst sie dem Nomen an, zu dem sie gehören.

Grammaire

Der Teilungsartikel und die Mengenangaben [Unité 5]

Nomen	Teilungsartikel On achète ... (Wir kaufen ...)		Mengenangaben Combien ... (Wieviel ...)		
männlich	<u>d u</u> sucre ■ Zucker		<u>d e</u> sucre? ■ Zucker		500 grammes 500 Gramm
weiblich	___ ___ farine ■ Mehl		___ farine? ■ Mehl		1 kilo 1 Kilo
			___ farine? ■ Mehl		5 kilos 5 Kilo
mit **h** oder mit **einem Vokal** am Anfang	___ __⁻ huile ■ Öl		__⁻ huile? ■ Öl		1 bouteille 1 Flasche
im Plural	____ citrons ■ Zitronen		___ citrons? ■ Zitronen?		beaucoup viele

✔ Der Teilungsartikel gibt **einen Teil einer**

.... an.

Im Deutschen gibt es ....

Teilungsartikel.

✔ Nach Mengenangaben steht

de + **Nomen** .... Artikel.

Im Deutschen folgt das Nomen

.... auf die Mengenangabe.

On prend aussi deux croissants et une baguette, s'il vous plaît.

On achète aussi **4 œufs**! = Wir kaufen auch **4 Eier**!

✔ Nach Zahlwörtern steht weder ein Teilungsartikel noch ein *de*.

! Merke:
J'aime **les** fruits, mais je **n'**aime **pas les** oranges.
Ich mag ■ Früchte aber **keine** Orangen.

aimer + bestimmter Artikel
ne pas aimer + bestimmter Artikel

Pour + Infinitiv [Unité 3 Approches]

> Le hiphop, c'est top **pour** _____.

> Pour _____ ___ _____, je vais au stade.

Der Hip Hop ist top **zum Tanzen**.

Um Sport zu treiben gehe ich ins Stadium.

Die Relativpronomen qui, que/qu', où [Supplément 5]

Voilà le prof. **Il** aide l'élève.

Voilà le prof _____ aide l'élève.

Le rugby est un sport. Laure aime beaucoup **ce sport**.

Le rugby est un sport _____ Laure aime beaucoup.

C'est un rocher. On peut faire de l'escalade **sur ce rocher**.

C'est un rocher _____ on peut faire de l'escalade.

> *Qui*, *que/qu'* und *où* sind unveränderlich.

Mit einem Relativpronomen kann man aus .... Sätzen .... machen.

Mit dem Relativpronomen *qui* kannst du ein .... ersetzen. .... ist das .... des Relativsatzes. Auf .... folgt immer ein ....

Mit dem Relativpronomen *que/qu'* kannst du ein .... ersetzen. .... ist das .... des Relativsatzes. Auf .... folgt immer ein ....

Mit dem Relativpronomen *où* kannst du eine .... angabe ersetzen. Auf .... folgt das .... des Relativsatzes.

Grammaire

Das passé composé mit avoir und être [Unité 2] →

>>> Bilde das *passé composé* in den folgenden Sätzen. Schreibe jedes Mal die deutsche Übersetzung darunter.

J'_a i_ apport**é** mon bateau.

Ich **habe** mein Boot **mitgebracht**.

Je _s u i s_ all**é** /all**é e** à la plage. 🍾/🍷

Ich **bin** an den Strand **gegangen**.

Tu ___ ___ frim___.

Du ....

Tu ___ ___ arriv**é** / **é e** à la plage. 🍾/🍷

Du ....

Il ___ hiss___ le drapeau.

Er **hat** die Fahne **gehisst**.

Il ___ ___ ___ mont___ dans le bateau. 🍾

Er **ist** ins Boot **eingestiegen**.

Elle ___ ignor___ le drapeau.

Sie ....

....

Elle ___ ___ ___ rest___ ___ sur la plage. 🍷

Sie ....

....

On ___ appel___ les sauveteurs.

Wir ....

On ___ ___ ___ part___ ___ loin. 🍾🍾/🍷🍷

Wir ....

Regarde, papa! Ils ont appelé les sauveteurs! Un bateau a chaviré.

La tempête[1] est arrivée trop vite et les enfants sont allés trop loin.

1 la tempête: der Sturm

Nous ___ ___ ___ ___ ___ ___ regard___ la TV.

Wir **haben ferngesehen**.

Nous ___ ___ ___ ___ ___ ___ ___ all___ ___ ___ au ciné. 🍾🍾/🍷🍷

Wir **sind** ins Kino **gegangen**.

Vous ___ ___ ___ ___ aid___ les jeunes.

Ihr ....

....

Vous ___ ___ ___ ___ tomb___ ___ ___ à l'eau. 🍾🍾/🍷🍷

Ihr ....

....

Ils ___ ___ ___ ___ paniqu___.

Sie ....

....

Ils ___ ___ ___ ___ remont ___ ___ ___ dans le bateau. 🍾🍾

Sie ....

....

Elles ___ ___ ___ ___ quitt___ la plage.

Sie ....

....

Elles ___ ___ ___ ___ ___ rentr___ ___ ___ ___ en retard. 🍷🍷

Sie ....

....

→ Das passé composé mit avoir und être [Unité 2]

Steht im Deutschen das Hilfsverb

........................., dann bildest du das *passé*

composé mit ....

Steht im Deutschen das Hilfsverb

..........................., dann bildest du das *passé*

composé mit ....

Das Partizip wird dem ....

angeglichen.

Wenn du über etwas sprichst, das in der Vergangenheit passiert ist, verwendest du das *passé composé*.

konjugierte Form von .... **bzw.** .... **+ Partizip = passé composé**

❗ Beachte: Einige Verben bilden eine Ausnahme. Du kennst schon folgende drei Verben:

Das Boot __ __ __ __ gekentert.

Matéo __ __ __ __ gesurft.

Die Retter __ __ __ __ __ __ toll gewesen.

Le bateau __ chaviré.

Matéo __ surfé.

Les sauveteurs __ __ __ __ été super.

Grammaire

Die Bildung des Partizips der regelmäßigen Verben [Unité 2 bis Unité 7]

>>> Trage hier das Partizip Perfekt nach jeder Unité ein. Du findest sie in den ▶ Repères zu der jeweiligen Unité oder in der Liste ab S. 175.

J'ai encore perdu une chaussure.

Verben auf -er		Verben auf -dre	
[Unité 2] travailler →	travaillé (gearbeitet)	[Unité 5] attendre →	.... (gewartet)
manger →	.... (gegessen)	descendre →	.... (hinabgestiegen)
appeler →	.... (gerufen)	entendre →	.... (gehört)
ignorer →	.... (ignoriert)	perdre →	.... (verloren)
sauver →	.... (gerettet)	répondre →	.... (geantwortet)
rentrer →	.... (nach Hause gegangen)	vendre →	.... (verkauft)

Tu as dormi longtemps, hein?

Verben auf -ir (Typ sortir)		Verben auf -ir (Typ ouvrir)	
[Unité 5] sortir →	.... (ausgegangen)	[Unité 7] ouvrir →	.... (geöffnet)
partir →	.... (weggefahren, weggegangen)	découvrir →	.... (entdeckt)
dormir →	.... (geschlafen)	offrir →	.... (geschenkt)

Die Bildung des Partizips der unregelmäßigen Verben [Unité 2 bis Unité 7]

>>> Trage hier das Partizip Perfekt nach jeder Unité ein. Du findest sie in den ▶ *Repères* zu der jeweiligen Unité oder in der Liste ab S. 175.

❗ unregelmäßige Verben

[Unité 2]   avoir   → eu ....
       (gehabt)

       être   → ....
       (gewesen)

       faire   → ....
       (gemacht)

       vouloir   → ....
       (gewollt)

       pouvoir   → ....
       (gekonnt)

       aller   → ....
       (gegangen)

[Unité 3]   prendre   → ....
       (genommen)

       mettre   → ....
       (gesetzt, gelegt)

[Unité 4]   connaître   → ....
       (gekannt)

       écrire   → ....
       (geschrieben)

Et j'ai dit: «Marion, il faut faire quelque chose. Et tu sais ce qu'elle m'a dit?»

[Unité 6]   dire   → ....
       (gesagt)

       lire   → ....
       (gelesen)

       voir   → ....
       (gesehen)

[Unité 5]   devoir   → ....
       (gemusst)

[Supplément 2 facultatif]   servir   → ....
       (bedient)

[Supplément 3 facultatif]   venir   → ....
       (gekommen)

Die Verneinung beim passé composé

Non, je n'ai pas joué aux jeux vidéo. Je suis allé à la pisicine!

Die Jugendlichen sind **nicht** an den Strand gegangen. = Les jeunes _n e_ sont _p a s_ allés à la plage.

Mathilde ist **nicht** ins Boot eingestiegen. = Mathilde __¯est _____ montée dans le bateau.

Selma hat **nicht** gewollt. = Selma __¯a _____ voulu.

> Die Verneinungsklammer **ne/n'… pas** stehen beim *passé composé* vor und hinter der konjugierten Form von *avoir* oder *être*. Das Partizip Perfekt kommt ans Ende. ✅

ne / n'
Konjugiertes Verb
pas
Partizip / Infinitiv

Grammaire

	bejaht 👍	verneint 👎
Du **duzt eine Person** und forderst sie auf, etwas zu tun / nicht zu tun:	Cliqu_e_ ici! **Klicke** hier!	Ne _c_ _l_ _i_ _q_ _u_ _e_ pas ici! **Klicke nicht** hier!
Du forderst **dich und andere** auf, etwas zu tun / nicht zu tun:	All_____ au parc! **Gehen wir** in den Park!	N'_____ _____ à ton anniversaire! **Laßt uns keinen** zu deinem Geburtstag einladen!
Du forderst **mehrere Personen** auf, etwas zu tun / etwas nie zu tun:	Ouvr_____ vos livres! **Öffnet / Öffnen Sie** eure/Ihre Bücher!	Ne donn____ _____ votre adresse! **Gebt / Geben Sie niemals** eure/Ihre Adresse her!
Du **siezt eine Person** und forderst sie auf, etwas zu tun / nichts zu tun:	Attend_____, Madame! **Warten Sie**, Madame!	Ne fait____ _____! **Macht / Machen Sie nichts**!

Der Imperativ mit Objektpronomen [Supplément 1] `facultatif`

bejaht 👍

❗Attends-_m_ _o_ _i_ !
Warte auf **mich**!

❗Regarde-_____ dans le miroir!
Schaue **dich** im Spiegel an!

Matéo, oublie-____!
Matéo, vergiss **ihn**!

Regarde-____!
Schaue **sie** an!

Aidez-_____!
Helft uns! / Helfen Sie **uns**!

Retournez-_____!
Dreht **euch** um! / Drehen **Sie** sich um!

Ces fleurs, achète-_____!
Diese Blumen, kaufe **sie**!

Écris-_____ une carte! [Unité 6]
Schreib **ihnen** eine Karte!

verneint 👎

Ne ___‾attends **pas**!
Warte **nicht** auf **mich**!

Ne ____ regarde **pas** dans le miroir!
Schaue **dich nicht** im Spiegel an!

Ne ___‾oublie **pas**!
Vergiss **ihn** nicht!

Ne ____ regarde **pas**!
Schaue **sie nicht** an!

Ne _____‿attendez **pas**!
Wartet / Warten Sie **nicht** auf **uns**!

Ne _____ retournez **pas**!
Dreht **euch** / Drehen **Sie** sich **nicht** um!

Ces fleurs, **ne** _____‿achète **pas**!
Diese Blumen, kaufe **sie nicht**!

Ne _____ écris **pas** une carte!
Schreib **ihnen keine** Karte!

| **Imperativ + Bindestrich + Pronomen** | **Ne + Pronomen + Imperativ + pas** | |

Il faut + Infinitiv [Unité 3] / Il faut + Nomen [Unité 5]

Il faut + Infinitiv [Unité 3]	*Il faut* + Nomen [Unité 5]
Il faut ——————————————.	Il faut ———— ———————.
Man muss / Wir müssen **arbeiten**.	Man braucht **Eier**.

Il faut + Infinitiv =

man .... / wir ....

Il faut + Nomen =

man .... / wir ....

Die indirekte Rede [Unité 6]

Léo va venir demain.

Ma mère **dit que** Léo va venir demain.

Mit _il_ / .... / _qu'_ kannst du wiedergeben, was jemand gesagt hat.

Die indirekte Frage [Unité 7]

1 Est-ce que les hommes aiment manger des bananes?

Il **demande si** les hommes aiment manger des bananes.

Mit _il_ / .... _si_ kannst du wiedergeben, was jemand gefragt hat.

! ~~si + il~~ = s'il   si + elle = si elle
   ~~si + ils~~ = s'ils   si + elles = si elles
                    si + on = si on

Grammaire

Andere Möglichkeiten der Verneinung [Unité 4 und Unité 7]

	présent	passé composé	futur composé
ne/n'… **pas**	Elle __'achète _____ le CD. Sie kauft **nicht** die CD.	Elle __'a _____ acheté le CD. Sie hat die CD **nicht** gekauft.	Elle ____ va _____ acheter le CD. Sie wird die CD **nicht** kaufen.
ne/n'… rien [Unité 4]	Il ____ fait _____. Er macht **nichts**.	Il __'a _____ fait. Sie hat **nichts** gemacht.	Il ____ va _____ faire. Sie wird **nichts** machen.
ne/n'… **jamais** [Unité 4]	Elle ____ travaille _____. Sie arbeitet **nie**.	Elle __'a _____ travaillé. Sie hat **nie** gearbeitet.	Elle ____ va _____ travailler. Sie wird **nie** arbeiten.
ne/n'… plus [Unité 7]	Ils ____ chantent _____. Sie singen **nicht mehr**.	Ils __'ont _____ chanté. Sie haben **nicht mehr** gesungen.	Ils ____ vont _____ chanter. Sie werden **nicht mehr** singen.

Der Infinitiv *(futur composé)* und das Partizip Perfekt *(passé composé)* stehen hinter der Verneinungsklammer.

ne / n'
Konjugiertes Verb
pas/plus/rien/jamais
Partizip / Infinitiv

	présent	passé composé	futur composé
ne/n'… **personne** [Unité 4]	Il __'invite _____. Er lädt **niemanden** zu sich ein.	Il _n_'a invité _____. Er hat **niemanden** eingeladen.	Il ____ va inviter _____. Er wird **niemanden** einladen.

Bei der Verneinung *ne/n'… personne* steht das Verneinungswort .... hinter dem Partizip Perfekt bzw. dem Infinitiv.

ne / n'
Konjugiertes Verb
Partizip / Infinitiv
personne

Expressions

Schreibe die französischen Übersetzungen folgender Wendungen auf:

Wendungen mit appeler

= Sie rufen um Hilfe. [Unité 2]

= Ich rufe den Arzt an. [Module A]

Wendungen mit mettre

= Wo habe ich die Schlüssel hingelegt? [Unité 3]

= Sie stellt die Fotos ins Internet ein. [Unité 3]

= Er deckt den Tisch. [Unité 3]

= Er hat den Schulleiter informiert. [Unité 4]

Weitere Wendungen mit être, avoir, faire und aller

Wiederhole auch die Wendungen aus *À toi!* 1 (*être* S. 79, *avoir* S. 80, *faire* S. 83, *aller* S. 84).

___ ___ ____ ____ ___ ___ ___ ___
_____ _____ _____.
Ich fühle mich nicht wohl in diesem Kleid. [Unité 3]

_ ___ ____ _____ _____
Ich habe trübsinnige Gedanken. [avoir; Unité 3]

= Matéo ist auf dem Laufenden. [Unité 2]

= Das ist es, was zählt! [Unité 6]

= Selma trägt modische Kleidung. [Unité 3]

= Ich bin in Paris geboren. [Supplément 3 facultatif]

= Das ist mir egal! [Unité 6]

= Das kann doch nicht wahr sein! [Unité 7]

Expressions

a v o i r

= Mes parents ont peur pour moi. [Unité 2]

= Sie sieht wie meine Tante aus. [Unité 3]

= Lôc hat braune Augen. [Unité 4]

= Théo hat Bauchschmerzen. [Module A]

f a i r e

= Er führt sich wie ein Idiot auf. [Unité 2]

= Hör auf Lärm zu machen! [Unité 3]

= Es hat wehgetan. [Unité 3]

= Pass auf deinen Kopf auf! [Unité 4]

= Ich mag einkaufen (Lebensmittel). [Unité 5]

= Ich habe sie kennengelernt. [Unité 5]

= Ich mag rutschen. [Unité 7]

= Meine Eltern zelten jedes Jahr. [Unité 7]

a l l e r

= Auf geht's! [Unité 2]

= Zu Fuß kommst du nicht weit. [Unité 2]

= Die Hose steht dir gut. [Unité 3]

= Es geht (mir) besser. [Module A]

Wendungen mit prendre

= Lass dir Zeit! [Unité 3]

= Ich nehme Tennisunterricht. [Unité 6]

À toi! 2

Lerntagebuch

Im Auftrag des Verlages erarbeitet von:
Walpurga Herzog

und der Redaktion Französisch
Julia Goltz, Sandra Brandstetter (Bernau am Chiemsee), Christiane Ulrich, Nicole-Simone Abt (Bildassistenz)

Gesamtgestaltung und technische Umsetzung: Rotraud Biem, Berlin
Umschlaggestaltung: werkstatt für gebrauchsgrafik, Berlin

Illustrationen

Yayo Kawamura (S. 5–42; S. 43 unten; S. 44–66; S. 68 unten; S. 69 unten; S. 71–74; S. 75 unten; S. 77 Bäckerei; S. 78 oben u. Mitte; S. 79; S. 80 oben; S. 81; S. 82 oben, Mitte; S. 84 unten re.; S. 86 unten; S. 87);
Laurent Lalo (U2 und U3; S. 4; S. 43 oben; S. 68 oben; S. 69 oben; S. 70; S. 75 oben li., Mitte, re.; S. 76; S. 77 unten; S. 78 unten; S. 80 unten li. u. re.; S. 82 unten re.; S. 84 oben, unten li.; S. 85; S. 86 oben)

Bildquellen

Cornelsen Verlagsarchiv (S. 22 Bild 2 u. 4 u. 6: Battaglini; S. 77 Zuckertüte, Mehltüte; Fotolia.com (S. 22 Bild 1: robynmac); **iStockphoto.com** (S. 22 Bild 9: Juanmonino; S. 77 loses Mehl: Kjekol); **dpa Picture-Alliance**, Frankfurt/Main (S. 10: Reinhard Dirscher); **Shutterstock.com** (S. 14: woe; S. 22 Bild 5: Roman Samokhin, Bild 7: Krzysztof Slusarczyk, Bild 8: Alex Staroseltsev; S. 24: Filip Fuxa; S. 26: racorn; S. 77 offene Tüte Mehl: studiogi; Öl in Schale: imagedb.com, Schale mit Zucker: Coprid, zwei Zitronen: Pakhnyushcha, neun Zitronen: Africa Studio); **Sipa Press**, Paris (S. 22 Bild 3)

Titelbild

Cornelsen Verlagsarchiv (Jugendliche: Denimal/Uzel); **Getty Images**, München (Hintergrund: AgenceImages / J. Debru)

www.cornelsen.de

1. Auflage, 3. Druck 2020

Alle Drucke dieser Auflage sind inhaltlich unverändert
und können im Unterricht nebeneinander verwendet werden.

Druck: Athesiadruck GmbH

ISBN 978-3-06-520414-9

PEFC zertifiziert
Dieses Produkt stammt aus nachhaltig
bewirtschafteten Wäldern und kontrollierten
Quellen.
www.pefc.de

PEFC/18-31-166